スティーブ・ジョブズと井深大

二人の"イノベーション"が世界を変えた

豊島文雄

まえがき

２０２５年、アメリカと日本では、従来の政策をがらりと変える国のリーダーが登場し、これまでと全く異なる世界となる。

アメリカ国民は２０２５年の新大統領として「アメリカ・ファースト」のトランプ氏を選んだ。バイデン政権が担ってきた「世界の警察官」としての対ロシアに向き合うＮＡＴＯやウクライナへの支援を止めさせ、その予算を国民が困窮している物価高や、押し寄せる移民を断ち切る政策を支持した。

国際的役割や民主主義を侮る新大統領の品位欠如には無関心だった。

一方、わが日本国のリーダーには２０２４年末、多数派を占めていた縁故主義者の安倍首相の対極にいた石破茂氏が着任した。地方活性化など衰退日本を変革する政策を掲げている。多数派の安倍首相派閥の流れをくむ影のボスによる封じ込めに押されながらも、少数与党ながら数少ない同志とともに、政策ごとの野党連携によって日本を変革させるよう願っている。

本書は、第I部「スティーブ・ジョブズと井深大のイノベーションが世界を変えた」第II部「ソニーの軌跡／井深大の「箴言」と変革のリーダーたちの「格言」、という構成になる。

第I部／第1章は「2025年からの日本におけるパラダイムシフト＝日本発世界インフラ新時代〝日立の成功に学べ〟」

2024年、日本企業の活路は、少子化が加速し、一人当たりGNPでは後進国レベルとなった日本の国内需要を当てにしないで、世界の需要国に、企業の司令塔を置いて稼ぐ時代に変化している。

代表的なホンダジェットはアメリカに司令塔を置いて世界各国にホンダジェットを輸

出している。ソニーとそのホンダとソニーの合弁会社が2025年に発売するAI技術搭載のレベル3の自動運転車「アフィーラ」。これもアメリカに司令塔を置いてホンダの現地工場で2025年から生産する。

さらに、日立製作所は鉄道車両インフラ事業の司令塔「日立レールヨーロッパ」をロンドンに置いている。ここから、欧州各国、北米、アジア等に日立レールの子会社・鉄道車両工場を展開し現地国の雇用に貢献している。

今や鉄道インフラ供給ビジネスで日立レールヨーロッパはGAFAMに並ぶ世界企業としての勢いをつけている。

これら日本企業による事業について、「日本発世界インフラ時代到来〝日立の成功に学べ〟」として紹介する。

第2章は、「ソニー創業者井深大とアップル創業者スティーブ・ジョブズの人生哲学＝新製品で人々の暮らしを変える」まさに現代の人々の生き方を感化させるものがある。

ソニーの井深大とジョブズが創業したアップルを世界企業に躍進させる原動力は時代ごとに移り変わるイノベーションの未来を的確に予測する能力にある。2人ともイノベーションは、論理的思考からは導き出せるものではなく、非連続な直観によって示唆されると信じていた。

墓場で一番の金持ちになったところで意味はない。夜、眠りにつくとき、我々は素晴らしい事を成し遂げたと言えることが重要だとする2人の共通した生き方などを取り上げる。


第3章は、「井深大　イノベーションの遺訓」

井深にとって新製品は、老朽化した市場を破壊し、世の中に存在しなかった新しい市場をクリエートする存在。ここに企業活動の真髄があるとしている。

クレイトン・クリステンセンは著書『イノベーションの解』（２００3年翔泳社）において、「ソニーは我々が知る唯一の連続破壊者である。１９５０年から１９８２年の間、途切れることなく12回にわたって破壊的な成長事業を生み出した」と記している。

井深自身も「エジソンの頃と違って、新発明が次から次へと飛び出す時代ではない。だから原理そのものから新しいものを作るインベンションよりも、その商品性あるいは製造法にさらに磨きをかける新たなテクノロジーを駆使するイノベーションが重要である」と遺訓している。

第4章は、「スティーブ・ジョブズの遺訓」

アップル社創業理念のたて糸は「世の中が必要だと思ってもいないものをアップルがテクノロジーを提供することで人々の暮らしを変革させる」。これはアップル創業者であるスティーブ・ジョブズの遺訓でもある。

彼の人生において大きな影響を与えたのは、二人の日本人、禅の曹洞宗僧侶・乙川弘文導師とソニー創業者との、いわば「運命的な出会い」であった。

ジョブズが禅にはまり込んで仏教徒になったのは、禅の2つの要素の「知恵」と「パワー」に引かれたからだった。

知恵＝先を見通す能力、パワー＝内面的な力。

後にアップルの社員達はジョブズの唯我独尊的なパワーの発揮を「現実歪曲フィールド」と名付けていたが、結果は歪曲どおり実現するのに社員はあきれていたという。

当時のアメリカのビジネスマンの間で、禅は論理的思考だけでは叶えることのできない「イノベーション」につながるとされ一大ブームが起きていた。


そしてもう一つ、アップルを創業する数年前に日本を訪れ、あこがれていたソニー創業者井深大らと面会し、そのポリシーである「人のやらないことをやる」という企業理念に感動した。また繁華街である「日本の銀座やニューヨーク5番街に直営店を持つ」という企業戦略も学んだ。

ジョブズが創業したアップル社は21世紀に入ってiPod、iTunes、iPhone、iPad、iCloudといった新製品を通して世界の人々のライフスタイルを変革し続けてきた。

これらのことを第4章「スティーブ・ジョブスの遺訓」に記した。

第5章は「40年周期のパラダイムシフトの歴史をめぐる」

この章の副題は「その時の指導者が国家の盛衰を決める」であり、国や企業において、変革のリーダーは国を栄えさせ、縁故主義のリーダーはそれを亡ぼす、これに道理あり、である。

近代日本の開国を起点として40周年周期で起こる国の繁栄と没落には、国のリーダーである首相が変革リーダの時に繁栄と平和がもたされ、縁故主義リーダーの時には国が没落し国民が困窮することが繰り返されている事実がある。

だから井深は、自分が生きていない21世紀の戦後80年目の2025年の国のリーダー次第で、豊かな国になるか、悲惨な国になるかが決まると遺訓していたのだ。

2024年10月14日スエーデン王室科学アカデミーはノーベル経済学賞を発表。国が衰退する原因がその時の政治体制によることを明らかにした3人のMITとシカゴ大学の教授らに授与した。

古代ローマから、現在までの国家の衰亡を分析して、国の繁栄や衰亡の原因は、政治制度が包括制度の時には繁栄し、抽出制度の時には衰亡するとの研究成果が認められたのである。

近代日本の歴史から本書が「国や企業の変革リーダーは栄えさせ、縁故主義リーダーは亡ぼす」との理（ことわり）は、ローマ帝国から現代までの国家の衰亡にも適用できることがこのノーベル経済学賞でも明らかにされたのである。

縁故主義はネポティズム（Nepotism）といって欧米で広く定義されている言葉の日本語訳である。社会学では同族、同郷者に限らず、同じ共同体に属する排他的思想に偏る内集団をさす。

自分の縁故者や派閥のメンバーたちだけで利益をむさぼって、己らの豊かな生活を享受するため、膨大な国債を発行したり、企業の負債を増やして、後世に続く若い人々に負担を強いて困窮することになっても平気でいるという特徴を持っている。

野党側から規制を求められている「企業献金」問題があるが、現在でも、自民党を中心に関連業界ごとの派閥である財務族、金融族、運輸族、農林族などといった政治家が特定の業界団体と密接な関係を維持しているといえる。

第Ⅱ部では、筆者が纏めた「井深大の箴言」と筆者が仕えた「ソニー・変革リーダーの格言」を紹介する。

筆者が入社当初から退任までに側近として仕えた、多くの優れたソニーの変革リーダーたちが、それぞれの業績を回復させ、ついには業界NO1の座を占めるまでの様々な布石のノウハウを目撃して記録してきた。

一つの組織・企業の中でも、トップ、リーダーが油断すると、各セクションでお互いが楽をしようとし、それらが組する派閥・縁故主義リーダーが企業の業績を悪化させる。これを立て直すために変革リーダーが送り込まれて、業績が回復したとたん、更に別の採算悪化している事業部門の再建に送り込まれる。

業績回復がなされた事業部門には、再びスタメン縁故主義リーダーに引き継がれるという循環がなされている。好き嫌いの激しい人間社会の宿命でもある。

著者自身のこれら体験は、その後、昇格者研修などを託された時の教材として、テキストなどを作成。ソニー退任後も含め、その後10年間、各企業の講師として招かれ延べ6000人に教え続けていた。

本書を読まれた方が、井深やジョブズの遺訓にふれることにより、自身が生きているこの時に、後世の日本人がより便利に豊かに暮らせることに貢献しようと思っていただければ幸いです。そうすれば、あなたの人生は至高のものになるでしょう。

豊島 文雄

2024年10月

◆目次◆

第4章 スティーブ・ジョブズの遺訓

ソニー・変革リーダーの格言

第Ⅰ部

第1章

2025年からのパラダイムシフト
日本発世界インフラ新時代到来
〝日立の成功に学べ〟

1

海外需要地に出て『構想』、実行する新時代到来

国家事業として経産省が主導した国産の「日の丸ジェット機＝三菱スペースジェット機」は全日空からの発注を受け、2008年3月28日に事業化を発表した。しかし政府系ファンドから500億円の支援を受けたものの、プロジェクトリーダーが3回も交代した末、2023年2月7日にこの事業は頓挫した。

計画中止の要因は、中型旅客ジェット機に関する情報不足やインフラがまだ十分に整っていない日本国内を拠点にしたからとも言われている。

一方で、世界市場で活躍する時代の先駆けともいえる事業がある。需要地であるアメリカや欧州においてビジネスを「構想」する司令塔を移したホンダジェットや鉄道インフラの日立製作所の鉄道事業を継承する子会社・日立レールの成功である。

これら企業の特色は、海外の需要地を「構想」の拠点として捉え、国際競争力で優位に立つために、「いままで世の中になかったもの」を創り上げ、現地の工場から世界に供給することを「実行」することで、「ＧＡＦＡＭに続く当該分野で世界１の座をめざして、さらなる成長を遂げている。

世界のＧＤＰ総額（ドルベース）に占める日本のＧＤＰの割合は、日本が経済大国と言われていた20世紀後半には18％（１９９１年）を占めていたが、２０２３年には４％に、さらには終戦５年後の１９５０年当時とほぼ同じ値にまで転落しているという。

（寺島実朗著『21世紀未来国再生の構想』２０２４年5月岩波書店刊）

円安が加速している現況下において、日本の年間ＧＤＰ額を政府が円で発表しても、毎年増え続けている世界全体のＧＤＰ総額に占めるドル換算の日本のＧＤＰ比率が悲惨な状況になっていることは発表されない。

先端技術も経済も「失われた40年間」の日本国。昨今の日本国内需要の増加を当てにしようとしても、少子化が急激に進むに比例して、ジリ貧に追い込まれる。いまや国内ビジネスのどの分野でも、海外に思い切って出て身をさらしながらグローバルに通用する競争力を身に着けていかねば淘汰される時代を迎えている。

ちなみに日本の若者がワーキングホリデービザでオーストラリアに行くと最低時給は10豪ドル（約２３００円）はもらえるという。現在の東京都最低時給（１１１３円）の2倍だそうだ。もちろん、全ての若者がそうなるとは限らないだろうが。（「２０２４年8月17日朝日新聞朝刊」）

〈V字発展する日立〉

２００９年3月期の日立製作所の連結決算は、売上高10兆円、製造業史上最悪の営業赤字７８７３億円を計上した。

同年4月1日付で10年間経営者として君臨した庄山会長が退任し、69歳の川村隆氏が会長兼社長に就任したと発表された。

川村氏は１９９９年に日立製作所の副社長になったのを最後に子会社日立ソフトエンジニアリング社に転出していた。1年後に70歳を迎え退任を前にしての突然の日立全社の会長兼社長の指名。引き受けた理由は座右の銘にしている「ザ・ラストマン」だという。

沈没していく船の船長が最後まで残って乗組員が全員脱出し終わることを確認してから、海に飛び込んでいくラストマン。

まさに、高度成長期に総合電機メーカーの雄であった日立製作所が史上最悪の営業赤字を出して倒産しかかっている会社の最後を任された船長として、自分の全智を尽くしてやってみようと引き受けたという。（川村隆著『ザ・ラストマン』２０１５年角川書店）

川村会長兼社長を補佐する副社長の５人（中西宏明、八丁地隆、三好崇司、森和広、高橋直也の各氏）を含めた６人体制で、今後会社の進むべき方向性を翌月４月までに定めた。その中身は、総合家電メーカーとしての看板を下ろし、ＩＴと社会インフラの両方を合わせた日立ならではの強みを発揮し「社会イノベーション事業」に集中するという事業方針だった。

〈検証１：第2の開国は敗戦によって民主主義国家としての開国〉

１９４５年に日本が敗戦によってアメリカ占領軍の統治によって民主主義体制国家と

して第2の開国をなした。

創業5年目に小中学校向けH型テープレコーダがNHKラジオの学校向け教育番組と相まって視聴覚教育ブームを引き起こし、全国の小中学校が買ってくれた。東通工の経営の安定と投資資金の内部留保に貢献した。だが国民はまだ貧しく民生品として買う余裕はなかった。国内需要のみで成長が賄えない時代、井深大の右腕の共同経営者の盛田昭夫は創業7年目に、世界の東通工を目指し当時世界の中心都市ニューヨークに進出する方針を打出した。

東通工が世界企業としてアメリカ人に認知させるきっかけを作った新製品は1956（昭和31）年のクリスマスセール時に39・5ドルで発売されたTR－63トランジスタラジオであった。この新製品にはSONY名称のカテゴリーブランドを表す銘板がデザインされていた。TR－63はアメリカでは「ポケットラジオ」と呼ばれ、自室でも、屋外でも持ち歩けてラジオが聞けるというイノベーションが大ヒットにつながった。

1962（昭和37）年10月、陣頭指揮のためニューヨークに夫婦同伴で滞在していた盛田昭夫はニューヨーク5番街の展示場入口に米国旗と日章旗をクロスして掲げたストアを発足させた。道を隔てた斜め向かいのビルの２階に２年前に設立したソニーアメリカ本社を移し、陣頭指揮をする盛田社長室には「日本が生んだ世界のマーク」との掛軸が掲げられていた。

その年のクリスマスセールに向けて発売された新製品５インチ・マイクロテレビＴＶ５－３０３の展示を見たいと毎日７０００名の人々が展示場を取り巻くほどに押し寄せて、わずか４日間で３０００台の在庫が底をつき、何度も日本から空輸で補充し続けた。

翌年の１９６３年６月に盛田昭夫は学齢期の２人の息子と家族ぐるみで５番街にある高級アパートの３階の部屋数12部屋（内寝室４室）家具付きの家を借りて住み始めた。息子らは名門私立学校に通わせ、盛田夫妻はこの学校に通わせている親の有力者らとの家族ぐるみの付き合いをした。２年間で４００回も名門の人たちを自宅で接待し人脈となして更なるソニーのアメリカでの工場展開や音楽産業進出などに役立てたという。

１９８５年にはアメリカに次ぐ経済大国となり名実とも世界最先端技術立国日本となり、世界のＧＤＰの13～18％のＧＤＰを持つ繁栄した国であった。

〈検証2：第3の開国は、企業が「GAFAMに続く世界1の座を目指す時代〉

ところが、1985年からアメリカの意向により、日本から先端技術を失わせる政策を、日本政府主導で取り始めた結果、諸外国のドルベースGDPが2～3倍増加する中、日本のドルベースGDPは、40％も減額し、2023年の全世界のGDP総額の4％しかない終戦直後と同じGDP割合の貧困大国となってしまった。これでは加速する人口減の国内需要だけでは企業は維持できない時代となり、企業自身の判断で「GAFAMに続く世界1の座を目指す第3の開国時代に入っているのだ。

2 世界最先端の新幹線技術を持った川崎重工業の中国進出の失敗と日立製作所鉄道事業の英国進出の成功

在来線の鉄道網が完成して飽和状態にある中、1964年に営業開始した東海道新幹線から始まり、九州から北海道まで路線が延長され、北陸新幹線の敦賀への延長も2024

年３月に完成、今後は、既存新幹線のメンテナンスや車両更新需要しか見込めない状況に追い込まれている。北陸新幹線の延長区間の敦賀―大阪間は22年後の２０４６年と政府は見込んでいるが全く期待されていない。

これまでＪＲ各社から均等に受注してきた新幹線の大手車両メーカーは川崎重工業、日立製作所、日本車両製造、近畿車両の４社は、21世紀に入り、各社がそれぞれ海外に販路を広げて行かざるを得ない時代となった。

（１）川崎重工業の中国進出での失敗

２００４年７月川崎重工業は中国市場に目をつけ、南車四方機車車両と組んで最高時速２００ｋｍの高速鉄道車両の入札し８００億円で受注した。

ＪＲ東海の葛西名誉会長は、一筋縄では通用しない中国相手に最先端の新幹線技術を川崎重工業が供与するとの話を聞き「中国に新幹線のような先端技術を売り込む川崎重工業の行為は国を売るようなものだ」と反対の意思を表明していたという。

２００６年3月川崎重工業はJR東日本E2系「はやて」ベースの完成車両3編成と57編成分の部品を輸出し、中国メーカの組立生産を指導。

57編成分の生産工程はすべて川崎重工業が指導して完成された車両は２００６年3月営業運転時の最高速度は２５０ｋｍ／ｈだった。

川崎重工業が８００億円で受注した1回限りの受注だったにもかかわらず中国は川崎重工業のCRH車両購入条件で〃中華人民共和国へブラックボックスのない完全な技術供与〃とした技術も含む購入であると主張。

このことから、「自国の技術」と言い換えて２０１１年中国は、川崎重工業の技術供与を受けて完成した中国版高速車両を「独自開発」と主張し各国で国際特許を出願した。

川崎重工業の車両カンパニーは自分の部署の受注を何よりも優先して、契約書で特許の保護条項の記載を怠り、新幹線技術を中国に盗まれたのであった。

この余波はインドネシアからの発注で日本は路線調査から新幹線導入の調査を完成した時に起こった。

突然中国がインドネシア政府の負担なしに完成させると約束した中国に、日本の調査資料を渡し発注したのだった。インドネシアの新幹線建設に向けての日本の努力は無に帰した事件があった。

(2) 2005年英国法人「日立レール」が高速鉄道車両事業を初受注

日立が最初に英国市場へ参入できたのは、英国でかつて標榜された「他国メーカーは入札できない」という時代が終わり、英国鉄道運営会社は、よりよい条件を提示した車両メーカーを選択できるようになったからだ。

英国の線路幅規格は大陸と同じで日本と同様に電車や気動車が主流で比較的参入しやすい土壌が整っていた。そのころ大陸系では機関車牽引列車が主力であった。日立は2000年ごろから英国に進出して制御装置などの供給から始め、少しずつ実績を積み上げていった。

2003年に日立の鉄道事業の自律分散型拠点としてロンドンに「日立レールヨーロッパ」を設立。前年、もと英国海軍軍人で当時フランスの大手電機メーカー・アルストム英国法人のセールス幹部を務めていたアリステア・ドーマー氏をマネージャーとして入社させた。その後、日立レールヨーロッパCEOに就任。欧州大陸や北米にも車両工場を設置し、それぞれ現地に日立レールの子会社を設立し、欧州や北米大陸にも鉄道車両ビジネスを広げ、日立の鉄道事業のグローバル化に貢献した人物である。

2004年、実証車両プロジェクトに日立レールヨーロッパの参加が認められた。現地の古い車両に日立製のインバータやモーターなどを取り付けて夜間に走行させ、その結果、性能試験と安全認証をクリアーして、英国での日立の鉄道品質が認められ参入が実現されることとなった。

2005年、日立レールヨーロッパは英国での鉄道事業を初受注した。395系「ジャベリン」は英仏海峡トンネルを経由して国際列車ユーロスターが乗り入れるロンドン北部のセントバンクラス国際新駅までの最新の規格の線路と、130年前英国で鉄道が開通してからの在来線を走る線路で使う高速通勤電車車両の名称である。28両編成の高速通勤電車車両を受注した。

日立レールヨーロッパはケント州アッシュフォードに車両保守拠点を設立した。

２００７年7月山口県笠戸事業所で製造された３９５系「ジャベリン」の最初の車両がサウサンプトン港に陸揚げされ、その後28両編成すべてがケント州アッシュフォードの車両保守拠点に納品された。

同年12月には、パリから英仏海峡トンネルを経由して国際列車ユーロスターが乗り入れるロンドン北部のセントパンクラス国際駅の開業式典で３９５系「ジャベリン」が披露された。エリザベス女王も列席した国家的セレモニーに、ユーロスターの先導車として３９５系「ジャベリン」が紹介された。

２００９年日立製の３９５系「ジャベリン」は2路線で営業運転を開始した。３９５系「ジャベリン」は東北新幹線と同じく冬期の雪の中でも床下の電気部品が故障しないように日本仕様で設計されていた。

営業運転を開始した２００９年12月、英国に大寒波が到来し大雪が降る事態となった。英国の他の路線の車両はこの寒波により次々と運航停止に追い込まれる中、日立のジャベリンだけは雪の中でも疾走し在来線の乗客を定時に運び続けた。

２００９年12月18日、英国とフランスを結ぶ「ドーバー海峡トンネル内」で欧州製の国際列車ユーロスターが床下の電気部品に雪が付着して故障。500名もの乗客がトンネル内に閉じ込められる事態が発生した。

急遽、救援列車が仕立てられトンネル内に駆け付けたが、これもまた電気部品の故障が発生し坂を上って英国側に戻れなくなった。日立のジャベリンだけが大雪の中でも乗客を乗せて在来線で運行していたので、ジャベリンを救援列車に仕立ててトンネル内に閉じ込められている多くの乗客の救助に派遣することとなった。

日立のジャベリンはトンネル内に閉じ込められた多くの乗客を乗せ英国側の駅まで無事送り届けた。この救援活動が翌日の新聞のトップニュースになり日立製の車両の高度な品質が英国の人々に知れ渡った。

この出来事で、日立製車両の高度な品質が認められ、英国内の都市間特急列車の886両という大きな受注を獲得するきっかけとなった。

2013年11月1日ダーラム州ニュートン・エリクリフで日立レールヨーロッパの新工場の着工式を行い、700人以上を現地採用し2020年までに886両を生産する。

日立レールの新設車両工場の融資は日本の国際協力銀行（JBIC）が半額融資、民間邦銀融資には日本貿易保険（ＮＥＸＩ）が引き受けてくれた。

当時の英国の最大の輸出貢献企業は英国に自動車生産工場を設けたトヨタであり、同社は英国の工場でハイッブリド車を生産し輸出もしていた。日産も欧州向けの自動車生産を担っていた。

英国政府は日立が英国に鉄道車両工場を建設してくれたことにより、日立の鉄道車両が更なる英国の輸出に貢献してもらえることを期待していたという。

3 日立レールの鉄道インフラ事業が「ＧＡＦＡＭに続く世界一の座」を狙えるほど各国への展開が始まる。

それまでの日立のビジネスユニット体制では、各ユニットが「タコつぼ化」して日立の企業価値が、各ビジネスユニットの価値を足し会わせたよりも少なくなる、ディスカウントの状況だった。

2009年4月に着任した東原敏昭会長兼社長は、保有資産の少ない社会イノベーションを中心とした問題解決型、サービス提供型事業への転換を目指す事業計画を実施した。大きな資産を保有する「重厚長大」型の事業は整理し、プロダクツ主体の事業やグループ会社は将来的に売却。さらに、グローバルな世界市場で戦うため国際競争力を強化するため、世界一の高圧直流送電システム事業のスイスABB社からパワーグリッド事業を買収。フランスのタレスの鉄道信号関連事業の買収、イタリアのアンサルブレダの鉄道システム事業の買収など、世界ナンバーワン企業を目指す国際競争力強化への布石を期する買収を推進した。

日立レール子会社が、現地の鉄道運営会社に提供した運営システムは現地の鉄道運営会社内で自由に使えるが、第3者に転売は出来ない。その知的財産権は日立レールの所有で各国の日立レールの子会社での横展開はITシステムの「レマーダ」を通して自由に使える。

共通プラットフォーム、技術ノウハウ、データ、経験、ソリューションは、1か所に集積して、高度なITシステム「ルマーダ」を活用し、各国分散している日立レールの子会社が、ウェブ上で日立のサービスやノウハウが一覧できるようにする。

日立の鉄道事業のノウハウを共通プラットフォームで共有し統合することによって日立レールの本社と子会社の自立分散型グローバル経営が実現できる改革をもたらした。

日立の鉄道インフラの司令塔はロンドンの日立レールヨーロッパであるが、進出する欧州や北米には、日立レールの子会社の現地工場新設で雇用に貢献することで、各地域では親会社に依存することなく自立分散していく。

２０１４年3月20日英国ファイナンシャル・タイムズ電子版が特ダネを報じた。「日立が全世界の鉄道事業部門の司令塔を英国に置く」との発表だった。

同年4月1日付で、全世界の鉄道事業部門の司令塔を英国に置き、英国の子会社「日立レール」のアリステア・ドーマ会長兼ＣＥＯが日立の鉄道事業のグローバルＣＥＯに就任との発表だった。

これを契機に、英国の日立レールの子会社を欧州大陸各国や北米にも展開し日立レール子会社の車両生産工場拠点を全世界に次々に広げていった。

第2章

ソニー創業者井深大とアップル創業者スティーブ・ジョブズの人生哲学

――「新製品で人々の暮らしを変える」――

1 井深とジョブズにイノベーションの洞察力を授けた恩師

井深大とジョブズ、それぞれが創業したソニーとアップルを世界企業に躍進させた原動力は時代ごとに移り変わるイノベーションの未来を的確に予測する能力にある。2人ともイノベーションは、論理的思考からは導き出せるものではなく、非連続な直観によって示唆されると信じていた。

井深は、早稲田学院時代に恩師、早稲田大学電気工学科山本忠興教授が長老を務める飯田橋のプロテスタント教会で洗礼を受けたクリスチャンで、起床時、神によって啓示が得られることを信じていた。ジョブズは、生後すぐに養子に出され実の母親から捨てられたというトラウマを抱えたことで、青年期にはヒッピーとなって悟りを求め1年間インドで導師を訪ねる巡礼をした。

その後１９７５年、ロスアルトス市近郊の俳句禅堂において布教活動を行っていた禅の曹洞宗僧侶・乙川弘文導師との運命的な出会いがある。「師を求めて世界を旅する意志さえあればすぐ隣に見つけられるであろう」との言葉に、この人こそ自分が求めていた導師だとひらめいたのである。

導師の教えにしたがい、心を静め「座禅」をすると、未来を見通す能力と内面的なパワーの２つが得られる確信をえた。

ジョブズはアップルを創業したころ、ある日、就寝まえにの座禅から、「ひと握りの特殊な人だけが使う高価なコンピュータを、アップルが家庭で使える安価なコンピュータにして世界の人に提供する変革をもたらすのが使命だ」とのひらめき、悟りを得た。そこで真夜中にもかかわらず、導師の住まいを訪れ直接「悟りを得た」との喜びを伝えた。すると導師は「悟りを得た証拠はなにかあるのか」と言って追い返した。その数日後、ジョブズはウォズニアックが作ったコンピュータのマザーボード基板を抱えて、弘文導師に「これが悟りを得た証拠です」といってみせたのだ。

当時、サンフランシスコのシリコンバレーでは、アメリカのビジネスマンの間で、禅は論理的思考だけでは叶えることのできない「イノベーション」につながるとされ一大ブームが起きていた。

2 非行少年に走ってもおかしくない生い立ちの井深とジョブズ

井深大は、「幼少期に父親をなくし母が再婚した私は、いまでいう非行少年になる要素さえあったといえよう。その時、私を押しとどめ、科学へと目を向けさせたものは母の愛情であり、祖父の慈愛であり、空想する楽しさにあったに他ならない」と自著で語っている。

井深5歳の時、母が勤務する日本女子大付属豊明幼稚園との縁で、幼少期には早稲田大学の電気工学科教授の山本忠興氏や作家の野村胡堂氏にかわいがられ、長じて、早稲田大学電気工学科の学生時代や、ソニー創業時にも精神面や資金面で両氏に井深は助けられている。（井深大著『創造への旅』１９８５年佼成出版社）

一方、スティーブ・ジョブズは、名前さえ知らない生みの母親に捨てられて、産院で生まれるやすぐに養子に出されたというトラウマを抱えており、ジョブズの生い立ちは、井深の生い立ち以上に非行少年なる可能性が高かった。

彼が非行に走らないように押しとどめてくれたのは養父ポールであった。幼少期から自宅のガレージにジョブズの居場所を作って自動車修理に使う道具類の扱い方や工作の仕方を手とり教えてくれた。そのためコンピュータの手作りが趣味のウォズニアックと親友となった。

シリコンバレーのヒューレッド・パッカード社は、その社会貢献プログラムとして地元の中高生を毎週木曜の夕方会社の食堂に集め、工作の実習コース開いていた。毎回社員のエンジニアが入れ替わりながら工作の課題を与え完成させる講習であった。

養父の自宅がシリコンバレーにあったため、この講座の友達とのつながりで、5歳年上のウォズニアックと出会って親友となった。そしてジョブズ21歳の時に、養父の自宅ガレージを事務所に「アップルコンピュータ」を親友同士2人で創業したのであった。

3 先人が残してくれたものに感謝し人類に役立つことを追加する人生哲学

井深はこんな言葉を残している。

「誰もが、この世を通り過ぎていく存在ならば、世のため、何を学び、何を残していくかが問われる。もしあなたの毎日が惰性で生きているとしたら人間とはいえない。人間である以上、年老いて、体が不自由になっても、身の回りに降りかかってくる諸問題に対して、望ましい解決法を見つけ、これを実行して解決を目指すことを、生ある限り続けるのが人間としての生き方だ」(豊島文雄著『井深大の箴言』ごま書房新社)

ジョブズが禅をとおして悟ったのは、「この世で自分が生を受けたのはコンピュータを通して世界を変える」という使命を果たすことだった。

「クリエイティブな人間にとって、人生を変え、良くし、足跡を残すという考えに切り替わる瞬間が必要だと思う」とジョブズは語っている。

「僕がいろいろできるのは、同じ人類のメンバーがいろいろしてくれているからであり、すべて先人の肩に乗せてもらっているからなんだ。そして、僕らの大半は、人類全体に何かをお返ししたい、人類全体のながれに何かを加えたいと思っているんだ。…僕らは自分が持つ才能を使って心の奥底にある感情を表現しようとするんだ。僕らの先人が残してくれたあらゆる成果に対する感謝を表現しようとするんだ。そして、その流れに何かを追加しようとするんだ。そう思って、僕は歩いてきた。」とも語っている。

（ウオルター・アイザック著『スティーブ・ジョブズⅠ&Ⅱ』２０１１年講談社）

4 21世紀のコンピュータの革新について井深はAI時代の自動運転車を予言し、ジョブズはネットワークテクノロジーを進化させiPhoneで世界を変えた

(1) 21世紀、ソニーは「ソニーAI」を設立

井深大は当時、まだコンピュータが「電子計算機」と呼ばれていた時代に、21世紀のAIによるパラダイムシフトを次のように洞察していた。

1961年7月に国際基督教大学（ICU）で「エレクトロニクスの夢」と題された講演の記録。当時は、白黒テレビ、洗濯機、冷蔵庫が「三種の神器」と呼ばれていた時代。そこで井深は、まだコンピュータが「電子計算機」と呼ばれていた時代に、21世紀のAIによるパラダイムシフトを次のように洞察した。

「これからの自動車はステアリングやブレーキをエレクトロニクスでやれるようになるから、前の車との間もレーダーのようなもので距離を測って、速度の調整を自動的にやれるようになる」「医療でも経営でも教育でも、良いデータばかりを蓄積して、そのデータの中から正しいものを選び出して次の推理をしていくということは、電子頭脳の非常に得意なところだ」

この講演での井深の肉声を直接聞きたければ、ユーチューブ動画のタイトル「1960年からのソニー創業者のＡＩへの思い」で検索すればだれでも聴くことができる。

この講演から六十数年後の２０２０年4月、ソニーはＡＩやロボットの基礎的な研究開発を行う「ソニーＡＩ」を設立した。また、２０２２年9月には、井深の盟友であった本田宗一郎が創業したホンダとの間で、合弁会社「ソニー・ホンダモビリティ」が設立された。同社は次世代自動運転ＥＶを開発し２０２５年に販売することを目指している。まさに井深が予言した未来が現実になろうとしているのだ。

井深の講演から60年後に起こった動きは、決して偶然ではない。なぜなら、ソニーには創業者井深大の経営思想や人生哲学が「タテ糸」として脈々と流れているからである。

(2) 21世紀、ジョブズは新製品を通して情報革命を起こし世界の人々の暮らしを変えた

20世紀の1979年にアップルを創業し、業務用でない世界初の家庭用コンピュータのアップルⅡを普及させたことで多数のアプリケーソンソフトウエア(表計算、ワープロ、ゲームなど多数の分野のソフト)が開発され家庭のみならず教育現場にも普及した。ジョブズの思想の核にあったのは「先人が残してくれたテクノロジーの流れに感謝し、アップル社の持つ才能を使ったテクノロジーによって、その流れに追加する未だ世界の人が見たこともないようなものを提供し、後世の人たちの暮らしを変えたいとの感情を新製品で表現する」という考え方だ。

ジョブズが創業したアップル社は21世紀に入ってからは、ネットワークテクノロジーを進化させたiPod、iTunes、iPhone、iPad、iCloudといった新製品を通して世界の人々

のライフスタイルを変革し続けてきた。

ジョブズ亡きあとも、アップル社では、「世の中が必要だと思ってもいないテクノロジーを提供することで人々の暮らしを変える」という創業者の「タテ糸」が引き継がれて、繁栄を継続させている。

(3) 世界初の製品の開発を主導して成功させたリーダーの考え方

井深が重視していたことは「想像力」である。「想像力」とは、小さな兆しから「最後はこうなる」という究極の未来の姿(ゴール)を描き出す力だ。

ある日突然、自動運転車が登場するなんてありえないこと。数十年前からその兆しが、末端で起こっているのを「気配りの心がけ」で接することがきっかけとなるのだ。

例えば1958年、ホンダ創業者の本田宗一郎が「自動車のエンジンの点火を、メカ(機械式)ではなく、トランジスタ(電子式)を使って制御できないか」と井深に相談しに来たとき、「エンジン制御だけでなく、ハンドル制御、アクセル制御、ブレーキ制御などの他の箇所の自動車の制御の全てを電子で制御できるのではないか」と想像したこと。そして、それが60年後の人工知能による自動車の自動運転につながるのだ。だから「井深の箴言第1条」のスタンスが重要となると考えるのだ。

一方、ジョブズが重視していたのは「直観力」だ。トップによる技術の善し悪しを見抜く直観力。これを可能にするには人間に対する気配りの心（洞察力）を持った人間でなければできない。アーティストの才能というのは、身の回りにある物事の本質を見抜く力のことだ。

アップルが世界初の、インターネットパソコンと音楽プレヤーに携帯電話が付いたiPhoneスマホを世界に先駆けて世に出した。これによって、あっという間に旧来の折りたたみ式の操作パネルが付いた携帯電話が消え去り、世界言語に対応できるスマホに置き換わるという空前絶後の情報革命をもたらされた。

その発想の経緯は次のようだった。

ノートパソコンには画面と同じ大きさの操作するキーボードがある。アップルではマックのノートパソコンからこれをなくして画面を指先で操作できるテクノロジーがあれば、新たなジャンル、インターネットにＷＩＦＩでつながる電子ブックスタイルのパソコンが生まれる、このことに着目していた。この発売準備が完了しジョブズの指示待ち段階だった。

一方でパソコンよりはるかに多く世界に普及している折りたたみ式携帯電話も操作するキーボードがある。しかも、従来の携帯電話は、多言語対応はできず、今ではガラケーと呼ばれているように、世界の地域ごとに異なる仕様の携帯電話が使われていた。

ジョブズはインターネットにつながる多言語対応の電子ブックスタイルの指で操作するマックのパソコン（後のiPad）を発売できる段階だったが、これに携帯電話機能を付けて発売する方が、世界に与えるインパクトが数倍になるとして、棚上げにする決断をした。そしてに、携帯電話機能を付けたものが先に発売され、スマートフォンとして世界の人々の暮らしを変えるような変革をもたらしたのだ。

ジョブズは、ソニーがマイクで録音して再生するテープレコーダを改造し、音楽プレヤー専用機ウオークマンを発売したとたん、世界の若者が飛びついで大ヒットしたことを知っていた。

その時、テープレコーダを扱っていた事業部や営業部門では録音機能が無ければ絶対売れないと予想していたことも知っていた。携帯電話会社は、インターネットパソコンに携帯電話を内蔵しても、値段が高すぎて売れっこないと考えていた。

だがジョブズはあえて、アップルの売り上げの半分近くを稼いでいる音楽プレヤーipod機能を内蔵させて、かつ手ごろな値段に下げて携帯電話イメージのiPhoneとして発売した。一方で稼ぎ頭だったの音楽プレヤーiPodの販売を中止させた。

インターネットパソコンに携帯電話機能と音楽プレヤー機能も付いた、キーボード操作のいらないiPhoneは、発売するや、世界中に衝撃を与え、折りたたみ式携帯電話の会社は致命的な打撃を受けた。

（４）トップ自身による技術を見抜く目利き力

井深は常々「感性を磨くことが、トップに課せられた宿命」と話していた（『井深大の箴言』第21条）。

開発プロジェクトでは、予期せぬ出来事が多々起きる。その時、リーダーはその状況を見抜いてフレキシブルに判断し、仕様変更などの対応を迅速に行う。

井深は、ハードウエアの機能に、人間の心、ソフトウエアなどをも用いて融合させるよう技術人に要求していた。

アップルでは、マッキントシュを発売するに当たり、ソニーが新開発したハードな外筐に収め、ポケットにも入る３・５インチのフロッピーディスクドライブ（ＦＤＤ）を採用し内蔵させた。

また携帯音楽プレヤーiPodを開発するに当たり、１０００曲の音楽を内蔵できる東芝が開発たした超小型ハードディスクドライブ（ＨＤＤ）に目を付けて採用し大ヒットさせた。東芝では超小型ＨＤＤを開発したものの、使い道がわからず棚上げされていたものをアップルが目を付け安く買いたたいて採用したのだった。

アップルがこれら最先端技術によって生まれたデバイスを手に入れるため、日夜、特許調査と取得、研究開発、企業買収、パートナーとの協業、ユーザーのニーズ調査などを行って、技術の良し悪しを見抜く能力（目利き力）を持ったマネージャによって、製品の改良や、新技術の導入に使える最先端のデバイスを手に入れる努力を心掛けさせている。トップや社員たちによる技術の良しあしを見抜く「目利き力」こそがアップル成長の原動力なのだ。

（5）人生で一番の幸福は仕事と趣味が一致すること

井深は、「理想の人間像などと言って人を型にはめたくない。人間は誰でも、その人にしかない持ち。その持ち味を十分生かしてこそ成長できる。仕事と趣味が一致し、仕事がうんと好きになると働くことが苦にならない。これが幸福につながる人生で一番大切なことだ。世間が認める自分の持ち味を持てば、会社がつぶれても自分は潰れないで生き抜けるとの気概を持って働ける」と語っている。（『井深大の箴言』第26条）

ジョブズは、「人生のかなり部分は、仕事をしている期間で占められる。そこで本当の満足を得る方法は、自分の仕事が大好きになるしかありません。年をとればとるほど、素晴らしくなっていきます。

いまだに、大好きになる仕事が見つけられない人は、妥協しないで、探し続けてください。他人の考えに従って人生を歩んで時間を無駄にしないでください。私が前へ前へと進み続けられたのは、していた仕事が大好きだったからです」と、語っている。

（６）墓場で一番の金持ちになったところで何の意味もない

井深は「誰もが、この世を通り過ぎていくのならば、世のため、何を学び、何を残していくかを常に心掛けなければならない。お金とか、地位とか、豪邸を持っていても、死んでいくときには持っていけません。死んだときに持っていけるのは、自身の周りで、まだ解決されていない公私にわたる諸問題について優先順位を付けて、死の直前まで解決しようと研究し実践することで、心の中に知識として蓄えられた心の糧が、死とともに気となって種につながる。だから肉体は年齢とともに衰えて最後には体が言うことを利かなくなっても、種とつながる生き方を心がければ、生き生きとした人生が送れる」と語っている。(『井深大の箴言』ごま書房新社)

ジョブズは「墓場で一番の金持ちになったところで意味はない。夜、眠りにつくとき、我々は素晴らしい事を成し遂げたと言えることが重要だ」と語っている。

第3章

井深大 イノベーションの遺訓

1 ソニー新製品のポリシー！「世の中になかったもの」、「人のやらないこと」

「ソニーは我々が知る唯一の連続破壊者である。1950年から1982年の間、途切れることなく12回にわたって破壊的な成長事業を生み出した」（クレイトン、マイケル共著『イノベーションの解』翔泳社）

井深は、「新製品は、老朽化した市場を破壊し、新しい市場をクリエートする所に企業活動の真髄がある」と遺訓している。

アップルを創業する数年前、ジョブズは東京のソニ本社ーを訪れている。そこで、発売当時アメリカ人のライフスタイルを変えさせたといわれたポケットサイズのトランジスタラジオ、アメリカ人家庭の夕食の一家団欒の時に、部屋を暗くしなくとも見える明るい画面のトリニトロンカラーテレビ、これ等を目の当たりにする。新製品のこれらのポリシーは「世の中になかったもの」、「人のやらないこと」であった。彼はこの井深イズムを学んで感銘を受けた。

「『世の中が必要だと思ってもいないテクノロジーを提供することで、世の中の人が想像もしなかった人々の暮らしを変えよう』というジョブスのひらめきは、ソニーから学びました」（ブレンド・シュレンダー他著『無謀な男が真のリーダーになるまで上巻』日経新聞社）

2 公開されたソニーの新製品開発手法：ＦＰＡＣシステム

１９７２年秋に日米の産業界および学界の代表者が東京の経団連会館に集まり、第１回イノベーション国際会議が開催された。その時、日本側のキーノートプレゼンテーションをソニーの井深社長（当時）がおこなった。

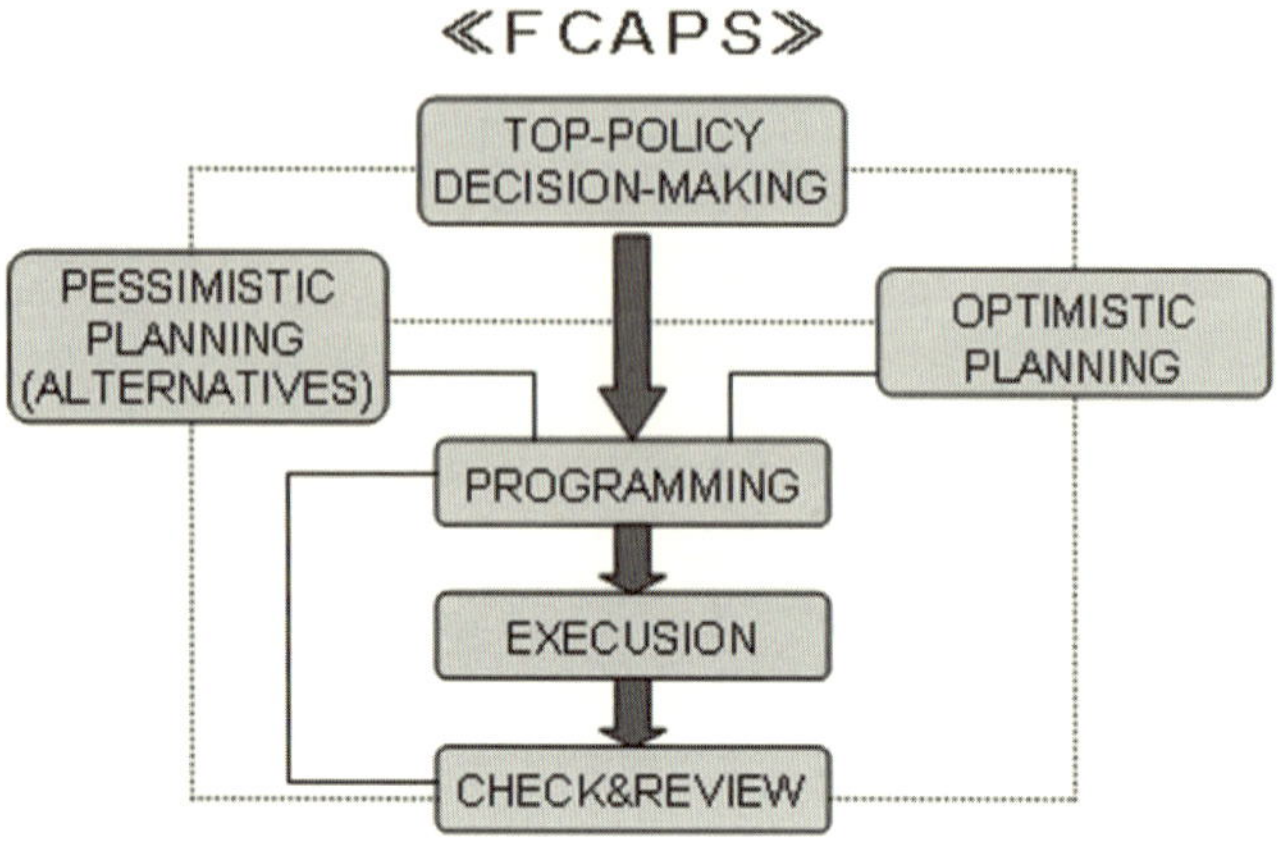

「S社の秘密」は1962年に田口憲一氏が新潮社から出版したソニー急成長の秘密を解説した本のタイトルだが、井深社長よりはじめてS社の秘密が公にされ、日米の聴衆に感銘を与えたといわれている。

ソニーの新製品開発のやり方：「フレキシブル・プランニング&コントロール・システム」（略称FPACシステム）が当事者より初めて公開されたのは、画期的なことだった。

「プロジェクトのリーダーに開発から、製造、販売までの、新製品に関してのプロフィットセンター的責任と権限を持たせる」

「基本とするスケジュールは、最も楽観的見方で立てた最短のものとする」

楽観的見方とは、たとえば新規に起こした半導体も、一発完動で手に入り、生産も垂直立ち上げで出来る、といったリスクはあるが出来ない相談ではない次元を、あらゆるプロセスに適応して、最早となる基本スケジュールを打ちたてる、ということなのだ。

そして次のステップは、スケジュールに組み込まれている全てのイベントのリスクを数値評価してAランク、Bランクといった、リスクの高いものの順に評価する。

評価し終われば、基本スケジュールを妨げるリスクの高いAランクのイベントには、問題となる部分を、別のやり方の代替案を2つも3つも平行して走らせ、危ない部分で一つのやり方が失敗したとしても、他のやり方が走っているからリスクが大幅に下がって、全体スケジュールに影響を与えなくなるのだ。

井深が現役で最後の製品プロジェクトリーダーを務めたトリニトロンカラーテレビの開発では、ブラウン管の真空中で、アパチャーグリルを支えるフレームを開発するときに、「パイプを使う」、「板金でやる」、「シェルボンド」、「ロストワックス」、「リム溶接」

等、5通りのやり方を考えて、成功確率が高くなるよう平行に走らせたという。

結果的に早く出来た最初の1件を使った。残る4件は使わないことになったので、プロジェクトの責任者自らが一軒一軒回って頭を下げてまわったという。このようにリスクを避けるため、平行して走ってもらう外部との折衝は、リーダー自らが行った。


さらにプロジェクト進行中は一番遅れている部署をリーダーが介入して、一番早く進んでいる部署に合わせるように重点的にバックアップする。このようなフレキシビリティをリーダー自身が状況に応じて対応するから、全体スケジュールが守られていくのだ。

新製品に関してのプロフィットセンター的責任をプロジェクトリーダーは負っているので、開発計画と製造計画は同じ次元で進める。

井深自身が壇上で説明した、このようなやり方で、日本初、世界初となる、人々の暮らしを豊かにするエレクトロニクス製品を、短期間で次々と世界に送り出すことが出来た。

後年、2002年5月21日の（社）日本経営工学会春季大会ショートコースで、井深のFPACシステムの詳細の解説がなされた。その、内容の要点を次に説明する。

（1）最終商品のイメージ・目的を明確化する

新しい発見、発明や放置されていた最高の技術と出合ったならば、夜も眠らない気迫をもって、真剣に短期間で一気呵成に最終商品のイメージを明確にする。

そのイメージした形をスケッチや、モックアップにして形として表現する。

井深が唱えている1・10・100の法則のなかの、具体的な商品としての応用分野を形にする10のプロセスは、時間をかけたからと言って出てくるものではない。

トランジスタのライセンスはソニーよりもNTTの研究所や富士通や、日本電気や東芝の方が早く手に入れていた。こうした大企業の研究所は、得てして蛸壺のような存在で、ああでもない、こうでもないと、いじり腐し、論文は発表できるが、ビジネスにはつながらない。

こうした会社の特徴は、トップが多額の研究費を与えて「何かを発明してくれ」といったところで、成果は全く望めないのだ。

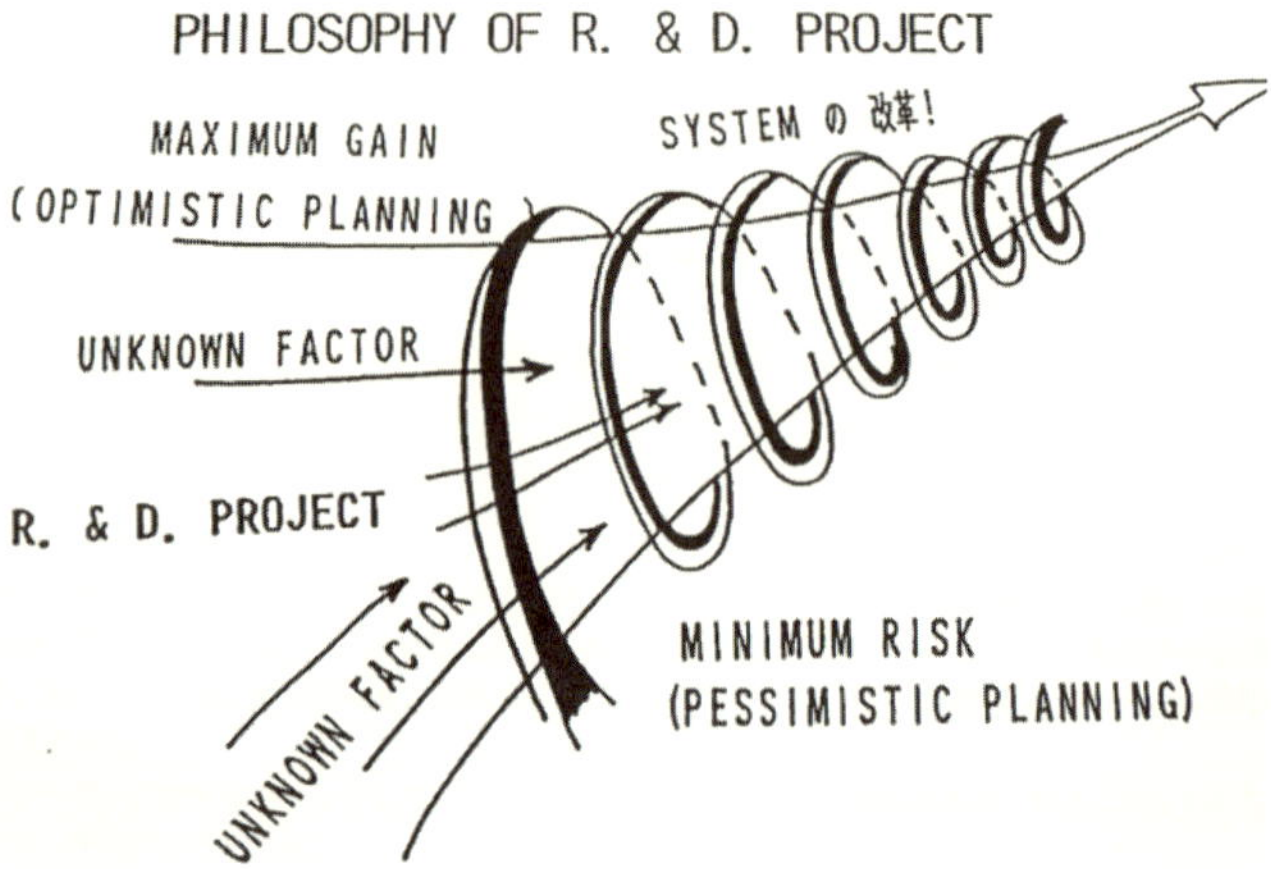

中小企業だったソニーは、イメージした最終商品を構成する部品や材料が世の中に無くても、ゴールのイメージを明確化することが成功する上での1番大事なこととしていた。トップの役割は、エンジニアたちに目標を与えるが、やり方はすべて任すという姿勢が必要なのだ。

そうすれば、大勢の専門家がプロジェクトチームとして形で示されたターゲットを目指して協働出来るのだ。

ゴールのイメージが明確になれば、新製品の核となる新しい技術や部品を先行して走らせることができる。これまでの常識を打ち破る先端技術やデバイスやソフトウエアが新製品に盛り込まれていなければ、発売しても他社が直ぐ追随してくるので儲からないものとなる。

他社の追随を振り切る技術を密かに新製品に盛り込む伝統は、ブラウン管テレビ時代の最後のヒット商品ベガにも盛り込まれていた。生ガラスで作られているブラウン管は中が真空のため卵形になっていないと強度が保たれない。だからテレビは出っ張っている球面に映像を写してみるのが常識だった。

平面ブラウン管テレビのベガは、映っているガラス面を強化ガラスの技術を使って完全フラットにしたものだ。

この程度の技術差では、他社も直ぐに追いついてくるので、映像を鮮明にする先端ソフトウエアをＬＳＩに焼き付けたＤＲＣ（デジタルリアリティクリエーション）チップを当初から、ベガプロジェクトのコンセプトに入れていた。

同業他社が平面ブラウン管で追い付いてきたときに、これを表に出して、ベガエンジンによる画質差で、他社を圧倒できたのだ。これも勝見明著『ソニーの遺伝子』（日経ビジネス人文庫）に詳しく記されている。

（2）プロジェクトの成否は誰をリーダーに選ぶかで決まる

井深は、NASAや新幹線プロジェクトの成功要因を調べるのに際し、直接訪問して持ち前好奇心で御用聞きスタイルで相手側に当たった。そして、成功要因はメンバーの技量よりも、ほぼ100点満点の人を探し出して責任者につけたことが、最大のポイントだということが分かった。

リーダーがメンバー全体の平均点レベルの人であれば、うまくいかない。メンバーが30点の人ばかりであっても、リーダーに100点満点の人を置けばプロジェクトは成功すると言うことだ。

ソニーの中央研究所の新任所長を外部から招聘したときに、研究開発担当役員の岩間氏より「研究所で新たにプロジェクトをスタートさせる時、リーダーを誰にするかは、必ず相談しろ。研究開発エンジニア能力については、人事よりも自分の方がはるかに詳しく知っているから」とアドバイスされたと言う。

トップは自分の会社にいるリーダークラスの研究者の人となりについては、人事よりも詳しく知っているので、プロジェクトチームの成功確率が高くなるのだ。長たるものは、誰を責任者にするかは、人事部任せ出なく、自身の仕事として果たすべきだと言うことを井深は教えていたのだ。

リーダーというものは、育てると言うよりも発掘しなければ得られないと井深は言う。大勢の人の力をひとつの方向にまとめられる人リーダーはたやすくは育てられない。

井深氏は長年人を見てきたので、ネアカで人をひきつける力を持ち、夢と志をいだき、常に好奇心を持ち、先を見通す技術の目利きの出来る、真のリーダーは必ずどこかにいるという。

プロジェクトリーダーが務まるキーマンを見つけてきて、その人にプロジェクトを成功させるんだという気持ちになってもらえさえしたら、そのプロジェクトは半ば成功したようなものだという。

技術の目利きできない未熟な人をトップにすると、自分が理解できないという理由だけで、可能性を追求するプロジェクトを否定し、他社もやっていると聞いて安心する。この判断が続く結果、その会社ではジリ貧に陥入るといわれている。21世紀に入って顕著となっているソニーのエレクトロニクス部門の低迷は、このことに起因しているのかもしれない。

（3）QCD制約はDの1点に絞る

優等生的なリーダーがしばしば失敗するのは、QCD制約の3すくみの現象を、現実的に割り切って1点に絞らないで、教科書的な完璧さを要求するからだ。「品質Qualityを完璧に、予算やコストCostは従来の半分、納期Deliveryまたはスケジュールも従来の半分のスピードでやれ」と理想的ターゲットを掲げても、命令されたプロジェクトチームのメンバーは、「あれも、これも、それも縛られた状態では、出来っこない」と内心では思いながら、しらけて面従腹背するばかりとなり、成果は得られない。

品質を完璧にするには、試作サイクルを複数こなさなければならず完成には時間がかかる。コストを半分にするには品質をある程度犠牲にしなければ出来ないと思うのが一般的。完成に向けた納期を短縮するには、コスト削減を検討する時間が取れないから、安くならない。こうした3すくみの状態になれば何も出来なくなる。

ところが、「品質だけ1点に絞り予算や納期は問わない」となれば、出来そうだとその気になるものだ。

通常、開発テーマはスケジュールとマンパワーと予算の3つで縛られる。予算が無くなれば今期はこれでおしまい、また来期の予算が出てから頑張りましょうということになっていつまでも完成できないということになりがちだ。

プロジェクトのマンパワーが少なければ短い期間での成果は出せなくなる。

井深が主導するプロジェクトでは、最短スケジュールの納期Dの1点だけに制約は絞られる。マンパワーや予算は上限なしのフリーで、トップが責任もって必要とするマンパワーや予算を調達してくれた。だから、最短スケジュールでプロジェクト全体のイベントを構築できるのだ。

プロジェクトメンバーを送り出している専門部署でも、よりリスクを減らす、別のやり方を研究してプロジェクトに提案する支援を積極的にやった。

後年、1968年4月にソニーが発売時期は未定としてトリニトロン新製品の技術開発に成功したとのプレス発表をした時、井深社長が、その場で突然、半年後の10月に月産1万台で発売すると宣言をしたことがあった。これを初めて聞いた技術陣は驚いたが、彼らは徹夜をして宣言通りに間に合わせることができた。

1997年末に平面ブラウン管テレビのベガを出すときにも、プロジェクトがキックオフする契機となった本社の会議室でのオフサイトミーティングの日付から、僅か5ヶ月で、ブラウン管の設計からテレビ本体の設計、さらには量産開始をして1号機を出荷したのだ。

これらの驚異的スケジュールが可能になったのは、年末に発売すると言うトップダウンの制約条件（Xデー）を最優先し、予算やマンパワーは上限無しとして、トップが支援したから不可能を可能にしたのだった。

アップルを創業したスティーブ・ジョブズも、同様なやり方で、短期間に新製品を世に送り出したが、アップル社内では不可能と思われることを歪曲して実現させてしまう結果となることを「ジョブズの現実歪曲フィールド」と名付けていた。

人手が足りないときは、母港の専門部署の応援や、多くの部品メーカーの開発部隊を巻き込むことで解決していった。リーダーが責任を持って、超過する予算や必要な研究人員を調達し、パラレルに開発を進めると言う仕組みが、新規LSIの一発完動や、新製品組立てラインでの垂直立ち上げを可能にしたのだ。

こうした科学的なリスクヘッジの裏付けがあったから、短期間で世界の人々のライフスタイルを変える画期的新製品がソニーから次々と生まれたのだ。

(4) 開発の不確実性をカバーするフレキシビリティ

不確実性がある開発では、担当者はうまく行かない場合でも、もう少し時間をくださいと引き伸ばし、土壇場にならないと上司に報告しないきらいがある。

だから問題が起こりそうなところには、リーダーが初期から参画して筋が悪いと見抜けば、直ぐに打ち切り宣言をして、ダラダラと時間を空費することを防ぐ。

スケジュールが最も遅れている部門にリーダーがテコ入れをして、最も進んでいる部門にあわせる。人、場所、予算の配分を思い切ってやり最早スケジュールを守る。

世界初のCCDカメラ一体型ビデオの開発でも、当初決めたやり方がうまく行かず別のやり方で乗り越えるというフレキシビリティがものをいった。

小型軽量を極めるために回路基板は多層化が求められたが、通常の基板では多層化が技術的に出来ず、落すと割れやすいセラミック基板を用いることで進んでいた。

そのためのセラミック基板の量産も計画されたが、後にコストの安い通常基板で多層を実現するイノベーションがおこり、高価な多層セラミック基板は用いなくて済んだ。

撮像素子も、当時CCDは最大で18万画素のものがビデオカメラとして市販されていたが、画質性能は撮像管の方が格段に良かった。当初の計画では高級品は撮像管を用い、画質は劣るが小型軽量を実現できるCCDは普及品に使うという併売作戦だった。

このため必要とする撮像管の数を確保するためには、新たに撮像管工場を新設する計画が必要だった。

ところが発売前年になって登場した新開発25万画素のＣＣＤは、予想外の画質性能を発揮して、高級品搭載の撮像管が不要となってしまった、

１９８５年のカメラ一体型ビデオ市場投入では全ての機種でＣＣＤが搭載されたのだ。

使う機能部品ごとに小型化、高性能のイノベーションが計画されるが、必ずしもコストや機能が満足いくものが得られず、うまく行かないことも多々起こる。

だから直ぐに他の代替品で対応できるフレキシブルさが盛り込めなければ、世界初の栄誉と高い収益は得られないのだ。

開発過程では予断を許さないことが続出するので井深の言うフレキシブル・プランニング＆コントロール・システム（ＦＰＡＣシステム）への配慮はマスト条件だ。

ある意味でプロジェクトリーダーの主たる役割は、日々起こるこうした不確実性をフレキシブルに対応して全体のスケジュールを守ることに尽きる。

マイクロソフトのウインドウズ95のＯＳは当初の構想書にインターネット機能は考慮されていなかった。しかし開発後期に、市場でのインターネットの重要性に気付いて、

急遽機能に盛り込めるという、プロジェクトにフレキシブルさがあったからビジネスが成功したといわれている。

（5）組織間の順送りではなく、モノ中心に進める

大企業で一般化している研究開発の進め方は、研究フェイスが終了し、開発部門に移管され、さらに量産設計部門、製造部門、を経て販売部門から新発売される順送り方式だ。これでは研究フェイスから開発へ行った時、開発の人がもう一度研究フェイスを自分で確かめないと次に入れないと主張したり、全く別の形で開発を仕上げたりという、元のコンセプトが変容する弊害がみられ、また時間のロスが大変多く発生する。売れる技術とは技術の新しさと同時に、量を作らなければいけない。

だから1人のリーダーの指揮の元、同じメンバーで、モノ中心に、研究フェイス、開発フェイス、量産設計フェイス、製造フェイス、発売フェイスへと一気に進めるやり方

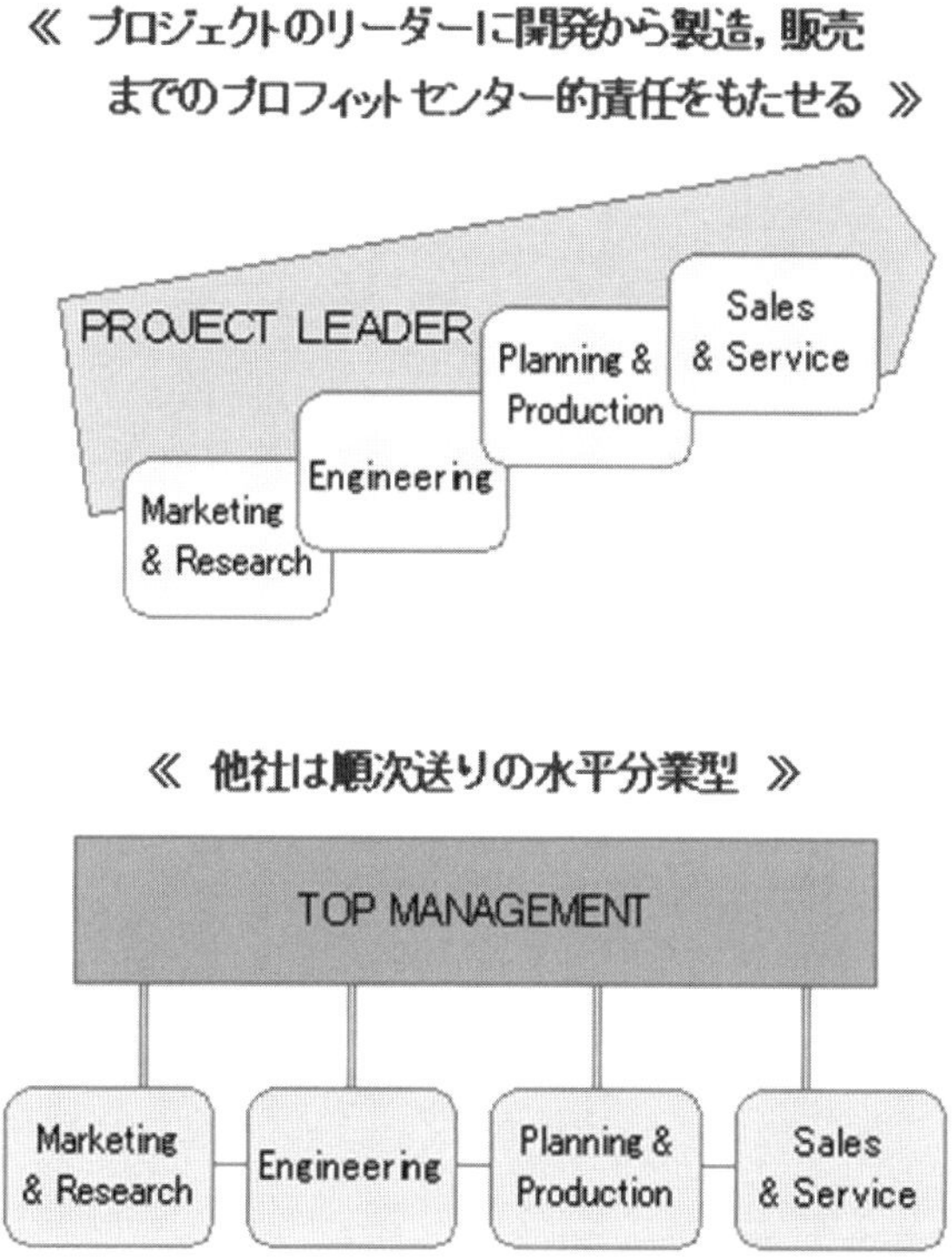

＜ 井深 社長 講演の掛図より ＞

がベストなのだ。一人のプロジェクトリーダーの指揮の下で、製品の開発と平行して量産装置も同じ次元でパラレルに進めるやり方だ。

（6）人手不足は燃える集団化で補える

新規に立ち上げたプロジェクトは人手不足が付きものだ。会社が人手を増やしてくれないから、スケジュールは遅れますという人間は、まずリーダーとして失格である。

メンバーには、いわゆる「出来る人」ばかりで構成されてはいない。「出来る人」は、あちこちで使いたいと引っ張り凧だし、トップの威の力を借りて、他の組織から出来る人を出せと命令しても、出てくるのは「出来ない人」ばかりとなるのはどの会社も同じだ。

その出来る、出来ないを補うには、前の章で述べたように井深の説得工学を応用して、出来ないといわれた人に、本気になって仕事してもらえば、人手不足に困らなくなる。しかも燃える集団と化したプロジェクトでは、これまで乗り越えられなかった技術の壁も、奇跡のように解決していった。

人間には、怠けたい、快楽にふけりたいといった「肉体的な欲求」と、世のため人のために仕事を通じて役に立ちたいと言う「心の欲求」の2つが並存しているようだ。

目標がなく、怠けたり、快楽にひたる生活を送っていた人がひとたび、携わっている仕事が世のため、人のために役に立つ、という情報が与えられると、「心の欲求」に火が付いて、寝食を忘れて仕事に没頭するようになるという。

だから従業員の心が前向き、積極的状態となるようにするのがリーダーの一番の役割と井深は言っていたのだ。

(7) 人間のダイナミズムを否定する組織は破綻する

井深は「人間と人間の触れ合い、人々が自由に創意を発揮できる舞台は、組織と対立する性質を持っている。時々刻々と経営環境が変化する中で、人間のダイナミズムを否定する組織は破綻する」と述べていた。着任時には「社員の心のV字回復」を唱えていた社長が、業績が悪化すると、「私に期待されているのは、雇用で損失を出すより、株主の利益に応えようということ」となり、リストラにより従業員に不安をかもし出す人間は、創業者から見てリーダーとしては失格なのだ。

社長は、あくまでも企業本来の使命遂行に徹するべきである。社長がネクラであれば従業員の心は前向き積極的にはなれず業績は上向かないのだ。仕事をし、会社を栄えさすのは従業員なのだから、どんな時でもトップが従業員の不安を払拭させ、仕事に専念する環境を整えることが創造性発揮には何より大切なのだ。

（8）ソニー幹部に語った21世紀に向けての井深の遺言

・その①

１９９７年、井深が現役から離れ、名誉会長職となっていた時、盛田会長から家庭用ビデオでの日本メーカー間の規格統一が成立せず、ソニーのベータとＶＨＳの異なる２つの規格の家庭用ビデオが。１９７７年末以降から世界で順次発売されることとなったとの報告を受けた時、井深は一瞬顔色を変えた。

井深は直ぐに盛田会長にソニーの幹部が集う部課長が集まる会同に敢えて話したいことがあると願い出た。

ソニーの幹部が集う部課長会同に登場した井深は、涙を流しながら、国際協調精神に基づく業界の規格統一が、人類の発展にとっていかに大切かを切実に説き、世界市場で日本のメーカー同士が争うような規格の分裂は2度とさけるよう説いたという。その後はＣＣＤカメラ1体型ビデオや、ＤＶＤでの規格の分裂は、防げたのだった。

・その②

１９９０年5月82歳の井深は、21世紀の日本が、どのようにパラダイムシフトを成し遂げればいいかを、次のように語っていた。

「ソニーは戦後の物資不足の中で、物がほしいという人達に対して、半導体技術に基づくエレクトロニクス製品（トランジスタラジオ、テープレコーダ、ステレオ、ラジカセ、ビデオ、テレビ、ＣＤプレヤー、ビデオカメラ、デジタルカメラ、携帯電話、テレビゲーム機等）を供給することにより、社会的役割を果たしてきた」

「そういう意味で、開発は社会がどういうことを求めているかに基づいているのである。ＩＣやＬＳＩさえ作れば何でも出来たのが20世紀後半の時代だった」

「21世紀に入る前に、半導体に代わる種を探し出していかねばならない。21世紀にソニーは何をやっていたら困り、何をやれば困らないのかを、本気になって毎日考えている。21世紀というのはメディカル分野というのは非常に重要な課題。一方では心のつながりを求める宗教や哲学や芸術などに関連したソフトを組み込んだハードウエアも生まれてくる。」

「人々の欲する者はもはや「物を持つ」ことより、それ以外のより快適な暮らしや健康を求めるようになってきた。薬産業が自動車産業並みに伸張してきているのもその顕われである。

ソニーは21世紀に生きる人間社会に新たな新天地をもたらすような布石をポンと打つことをやるべきだ。高度なエレクトロニクス技術を医療面などの21世紀に成長するサービス分野に応用する道を探せば身近な所に21世紀に向けてやれる布石があるはずだ。」

・その③

1992年1月のソニー幹部2400名が集まっていたマネジメント会同の最後に、

井深は「私の遺言」として次のことを語った。

「アナログのカセットテープからデジタルCD、そしてデジタルMDに転換するなどの今日のスピーカーの話は大変失礼な言い方ですけれども、技術革新に入るか入らない程度の道具立てに過ぎない。これをもってニューパラダイムシフトというのは非常におこがましいと私は考える。

今、皆さんが今日のことばかり考え一生懸命やって解決する努力をなされていることは立派です。けれども今のソニーに必要なことは21世紀への備えが必要なのです。真のニューパラダイムシフトを考える人が必要なのです。

会同で今日のことばかり考えるよりも、21世紀のソニーはどうするかっていうことの備えをせよというのが、私の遺言でございます。

モノと心、人間と心は表裏一体であり、人間の心を満足させるものをやらないと、21世紀には通用しないということを覚えておいていただきたい。

IT技術が支配するであろう21世紀に、日本が引き続き世界の人々に貢献し続けるためには、合理主義や物質中心の欧米に対して、気配りという日本の心を一体とした商品やサービスによる「人の心至上主義」へのパラダイムシフトを日本が成し遂げることが、（井深が代表権を持って活躍した20世紀の30年間と同様に、）21世紀の日本の繁栄と国際協調のかなめとなる。世の中のパラダイムシフトのリーダーシップをとるということは、世の中に信じられていないようなものに、勇敢に飛び込んで、自分で泥をかぶっていくということが一つの生き方でないかと思っています。」と井深はソニーの幹部たちに警鐘を鳴らしたのであった。

だがソニーの幹部たちは、井深が信奉する近代日本のパラダイムシフトの40年周期説による戦後80年の２０２５年からのはじまる「ＡＩ」によるパラダイムシフトの予言を前提として井深が話していることに誰もが気付いていなかった。

筆者が前著『井深大と本田宗一郎の遺訓』で紹介しているように、今現在でも、ユーチューブ動画で「１９６０年からのソニー創業者のＡＩへの思い」のタイトルを検索すると、井深自身が語る21世紀のＡＩ時代を語っている肉声が聴ける。

今日のソニーには井深が予言していたとおり「ソニーＡＩ」の部署が活動し、アメリカに拠点を置くソニーホンダモビリティ社からAI技術を搭載するレベル3の自動運転車「アフィーラ」が2025年にホンダのアメリカの工場で生産開始されて発売されようとしている。

3 より重要なのはインベンションよりイノベーションである。

〈重要なのはイノベーション〉

トランジスタの発明は、それだけでは何にもならない。発明から今日まで半導体が大型集積回路に至るまでの技術の進歩が大事なのだ。

今日我々が使っているものの本当の発明は、すでに特許権の期限も切れ、更には100年も前に学者が言い出したようなことを思い出しながら、それを利用して、どのように世の中の人が便利に使ってくれるだろうかということを考えていくことによって、生み出されてくる。タネである発明をする、あるいは探し出すことが大切ですが、より以上に、この発明をどのように育て上げていったらいいかということが大切だ。

エジソンの頃と違って、新発明が次から次へと飛び出す時代ではない。だから原理そのものから新しいものを作るインベンションよりも、その商品性あるいは製造法にさらに磨きをかけるイノベーションが重要である。

発明とかアイデアとか、そういうシードを1とすると、それを具体的に実行できるところまで持っていくためには、10のウェイトを考えておかないといけない。それを量産してインダストリーにもっていくには、100のウェイトを考えておかないとならない。

発明というのはタネであり、一つのきっかけだ。タネがいくらたくさん生まれても、それだけでは日本の産業とか技術はレベルアップしない。

コストダウンが非常に大きなイノベーションであるということです。〝値段の革命は大きな技術革新である〟ということをもう少し認識して欲しいと思う。

〈夢はイノベーションの母である〉

ソニーの躍進を約束してくれたラジオのイノベーションは、雑誌（無線と実験）で読んだ夢物語なしには生まれなかった。まさに夢は「イノベーションの母」である。必要性だけに目を奪われていたら、果たしてポケットラジオは出てきたかどうか。ラジオは家で聞くのが当り前で当時はそれでも十分だったからだ。

必要性だけではある程度満足されているのだから、革新を促す動機とはなりにくい。私は、実はたわいのない夢を大切にすることから革新が生まれると思っている。

ソニーは、世の中の常識にあえて逆行する「異端児的存在」として生まれてきたのです。この在野的精神は、今後も生かし続けなくてはいけません。

〈世の中になかったもの、人のやらないことをやる〉

新しいものにチャレンジし、新しいものを作り、新しいマーケットを作り出していくことも、非常に広義な意味での技術革新ということができる。

ソニースピリッツ、これは今までやっていなかったことに、勇気をもってチャレンジしていくことなのだ。「いままでこういやってきたから」という延長線をただ踏襲するのではなく次々に新しいと思うことに移り変わるのがソニーのあり方だ。

ソニーの真骨頂は、でき上がったフィールドで他社を追うのでなく、新しいフィールドを築いていくことにある。

ソニーの研究開発というのは、よその真似は絶対しないで、どんなに苦しくても新しいものを切り拓いていこう、というのが、基の思想なのだ。

〈体を動かし、手を汚し、自分で率先してやってみよ〉

実際のジョブを通じての経験というのは、非常に大きな教育になる。

現代人は、何でもかんでも自分でこしらえるという心構えが非常に欠けている。

ゲルマニウムを精錬する気化器はみんな手作りでやった。みんな手作りでやればこそ、その性質がよくわかる。それだから、いろんなことを覚えてその次にはどうしたらいいかという知恵がどんどん湧いてくる。

自分で何でもやっていける人でなければ役に立つ人間にならない。

〈人間中心主義〉

ソフトウェアの中には、いわゆるソフトもあるし、ユーズウェアという考え方もある。その上にヒューマンウェアを考えないといけない。「科学技術だけではダメなんだ」。21世紀に本当に花を咲かせようと思ったら、今ある芽をどういう組み合わせにするのかということと、ハードウェアだけでは行き詰まりそうだから、ソフトウェア面の開発をしていかなければならない。

これからは一つのものの中にどのような可能性があるか、どう育てられるかを考え「便利さ」「使いやすさ」というソフトをハードウェアと共に売り物にしなければならない。21世紀に日本が世界のリーダーにならねばいけない運命を背負わされているとすればモノだけについて優秀性を誇っているわけにはいかない。

今日明日のことをどうするかということも大切だが、ニュー・パラダイムの意味をもっと大きく考えるべきだ。お客様に満足していただく商品をこしらえることは人間の心の問題であり、モノと心が表裏一体であるという自然の姿を考慮に入れることが近代科学のパラダイムを打ち破る一番のキーだと思う。

こういったパラダイムシフト、つまり人間の心を満足させることを考えていかないと、

21世紀には通用しなくなることを覚えておいていただきたい。
人間として、何が本当に求められているのだろうかという漠然とした、ほのぼのとしたものが、ソニーの創り出すものに存在することが必要である。

〈世の中の変化を先取りしたものを作りだせ〉

「こういう製品がマーケットから期待されている」といった時、普通のステディ・ステート的な考え方でやっていると、商品化されたとき、市場ニーズのヤマは過ぎている。
モノは原則として止まらないで変わっていくと考えると意識革命が起きる。
マーケットは、世の中に合わせるのではなく、我々が積極的にこしらえていくのだ。
変化しているものに対して、追いかけていこうとか、変化に対応する姿勢を見せるのは、非常に怠慢であり、罪悪でもある。

〈数字だけに重きを置いていては、ソニーらしく生き残れない〉

不当なる儲け主義を廃し、あくまで内容の充実。実質的な活動に重点を置き、いたずらに規模の大を追わず。

第4章
スティーブ・ジョブズの遺訓

ジョブズが2022年10月に亡くなる2カ月前の8月24日、アップルの定例取締役会でCEOジョブズが車いすに乗って参加し、CEO後継者がティム・クックに正式に引き継がれるとの決議がなされた。この日の晩に自宅に招かれ伝記作家につぎのように語った。

「クリエィティブな人というのは、先人が遺してくれてたもの（文化）が使えることに感謝を表したいと思っているはずだ。…すべて、先人の肩に乗せてもらっている…僕らの大半は、人類全体に何かを恩返ししたい、人類全体の流れに何かを追加したいと思っているんだ」

人類全体の流れに何かを追加したいとの具体的内容は、世の中が必要だと思ってもいないものをアップルがテクノロジーを提供することで人々の暮らしを変革させてきた数々の新製品である。

中でも後世に伝え残した最大級のものは、亡くなる4年前2007年に発売したiPhonによって、ネットワークPCや音楽プレヤーや、電子ブックやカメラ撮影などを、手のひらに乗るスマートホンによって、世界の人々の暮らしをアップルが変革させたことだ。

これは誰もが認めることである。

ソニー創業者の井深大も同じことを遺訓している。

「いにしえの人々たちが築き上げた豊かで便利な文化を、後世につなぐ生き方こそが人間としての至高の生き方だ」（『井深大の箴言』第30条）

1　生みの親に捨てられたトラウマをもつスティーブ・ジョブズの誕生

アップルの創業者スティーブ・ジョブズは産んでも育てることのできない事情のある未婚の母親から1955年2月24日にサンフランシスコで生まれた。

その産院は産んでも育てられない事情のある妊婦を引き受け、妊婦の名前は匿名にして養子を希望する子供のいない夫婦に赤子を引き渡してくれる特殊な産院であった。

あらかじめその産院に里親として届け出ていたサンフランシスコに住むジョブズ夫妻

は生まれたばかりの子供を、医師からもらった出生証明書を付けてもらい引き取った。そしてスティーブ・ジョブズと命名し出生届を地元の役所に届けた。

じつは、最初に引き渡される予定の弁護士を営む里親が、女の子が欲しかったと引き取りを拒否。そこで登録2番手の高校中退の機械工あがりで、車の信販会社に自動車整備士として勤めていた子供がいないポール・ジョブズ夫妻に声がかかった。

事情のある妊婦は大学院に通う未婚の学生で、里親は大学卒の学歴のある家庭に、との条件を付けていた。学歴の無かった里親ポール・ジョブスは、養子を必ず大学に通わせると約束することで赤子を託されたのである。

産院は生みの親の名前が秘された出生証明書を付けて引き渡した。すぐに里親はスティーブと命名し出産を届け出た。里親は物心がついた時からスティーブ・ジョブズに養子であることを包み隠すことなく知らしめた上で大事に育てた。

名前も知らない生みの親に見捨てられて、養子に出されたことが、感受性が激しくなった青年時代にトラウマとなって甦ってきた。

当時アメリカで流行したヒッピーとなって、マリファナなどにも手を染め、放浪生活をおくったこともあった。自分がこの世に何のために生まれてきたかを知るために、インドにわたり著名なヒンズー教の導師を訪ね、1年間、修行などを行って悟りを求めたという。

2 少年時代に、自動車修理工の養父からモノ作りの楽しさを学ぶ

少年時代には養父がガレージにスティーブ・ジョブズの居場所を作ってくれ、機械いじりの道具の使い方や組み立てなど、少年時代からモノづくりの趣味を育んだ。

小学4年の時の女性の担任が彼の才能に感じるところがあって知能検査を受けさせたところ、高校2年生レベルであることが分かった。

そこで5年制の小学校の担任はジョブズを2年飛び級して中学2年クラスに転校させ

たらとの提案を家族に伝えた。

ジョブズの養父母は、2年も年長の学年に入れるには無理なので飛び級は1年を希望した。そこで小学校の近くにある移民の子供たちが通うクリッテンデン中学の1年に転校した。


だが、ジョブズは年長のクラスメートに溶け込むことが出来ず、やがていじめに悩まされるようになった。いじめに我慢が出来なくなったジョブズは、養父母に転校させてくれなければ明日から登校拒否をすると宣言した。

中学校は学区制なので、住所を変えなければ転校できない。そこで養父は借金をしてクパチーノアニーベル地区のガレージ付きの建売住宅を購入し引っ越した。こうしてジョブズは生徒と先生の評判の良いクパチーノ中学校に転校できた。少年時代のジョブズは言いたいことは直ぐに言う。断られることを恐れていては何も進展しないことを少年期に覚えた。

3 アップル創業の友「天才おたくマニア」ウオズニアックとの出会い

1968年、ジョブズは家から15ブロック離れたホームステッド高校に入学。毎火曜日に地元の生徒たちにヒューレット・パッカード社の食堂でエンジニアが仕事の内容を分かりやすく教える社会境域活動「探求クラブ」を受講するようになった。テーマを見つけ自分で工作して作り上げることが奨励される勉強会である。

同じ高校に通うビル・フェナンドスとも友達となった。彼は自宅のガレージを5歳年上のコンピュータおたくのウオズニアックに貸しており是非会ってみるようにジョブズに紹介した。

会ってみたウオズニアックは、専門知識が自分よりはるかにに優れて頭はよかったが、5歳年上にもかかわらず精神的には子供っぽい面があり付き合いやすいと感じた。趣味も一致し2人で協力してボブ・ディランの海賊版音楽テープを収集しあう仲になった。
ＡＴ＆Ｔの電話機つなぐと課金されない交換機のトーンを発生させる回路をウォズが作ったのをみせてくれた。高校生のジョブズが、これを電話器改造キットボックスにして１００個作って売ろうと提案。ウオズニアックが実行してジョブズが友人らに売ったが違法行為と知ってすぐにやめた。この時からジョブズが「構想」し、コンピュータおたくのウオズニアックが「実行」するという親友以上の同志となった

4 「人のやらないことをやる」ソニー井深イズム 禅の「知恵」と「パワー」がジョブズを世界一流の経営者に育てた

〈アメリカ人を魅了させたソニーの新製品〉

戦後12年の１９５７（昭和32）年、アメリカのクリスマスセール時に世界初のポケットに入れて聴けるまでに小型化した新製品「ＴＲ－63トランジスタラジオ」が、アメリ

カの若者たちを熱狂させ大評判となった。品切れ続出、11月末から繰り返し航空便で送り続けるほど大ヒットした。

それまでアメリカの家庭にはリビングに真空管ラジオが鎮座して、若者らが自由に聞くことが出来なかったのを、ポケットに入れていつでもどこでも独り占めして聞けるソニーのポケッタブルラジオに熱狂したのだった。

年が明けた1月に各メーカーの家電品を全米に配送するデルモニコ社の物流倉庫に泥棒が入り、他のメーカのラジオには目もくれず、ソニーのポケットラジオＴＲ－63だけを４０００台ごっそり盗まれるという事件があった。

この新製品のアメリカでの影響力があまりにも大きかったため、1月24日のニューヨークタイムズに大きくこの盗難事件の記事が掲載された。この盗難事件報道が、アメリカでのソニーポケッタブルラジオの評判の火に油を注いだという。

１９６2年、ジョブズ7歳の時、ソニーはニューヨーク5番街にソニー製品の展示場

世界最小最軽量マイクロテレビ
TV5-303

1962年に開設された
ニューヨークのショールーム
（マンハッタン島
フィフス・アベニュー（5番街））

を開設した。年末に世界初のシリコントランジスタを搭載した5インチマイクロテレビを展示販売を行った。毎日7000人もの人が押し寄せ、写真で示すように大騒ぎとなったとの新聞記事が話題になったことはジョブズも知っていた。

ジョブズが18歳の1973年にはトリニトロンカラーテレビがアメリカで発売された。それまでのアメリカのRCA社が開発したシャドウマスク方式のカラーテレビでは部屋を映画館のように暗くしなければカラーテレビを楽しめなかった。ソニーのトリニトロンカラーテレビは、アメリカ人の家庭に、夕食を食べながらカラーテレビを鑑賞できるライフスタイルをもたらしてヒットした。

〈禅の「知恵」と「パワー」との出会い〉

養父は、学歴はなかったが、職人として働く中産階級のまじめな労働者でジョブズは大事に育てられた。１９７２年の秋、17歳の時、学費の高いことで知られているオレゴン州ポートランドのリード大学に入学した。

両親が大学に通わせるとの生母との約束を守るため大学に行かせてくれたことを知っているジョブズにとって、多くの必修科目授業の内容には失望させられた。これ以上、養父に授業料を負担させたくないと思い、入学6カ月に退学届けを出した。

寮は出なくてはならなかったが、友人の部屋などに泊めてもらいながら、その後もリード大学にとどまること1年間、面白そうな授業だけを無資格で聴講する学生生活を続けた。

その中で「カリグラフィー」いう魅力あるポスターの作り方を教える授業があった。これが後にアイコンやマウスを利用して、直感的な操作を可能にするグラフィカルユーザーインターフェイスの基礎の知識となった。

また大学の図書館に通い瞑想し、直感や洞察を重視する禅の本やインドの導師の書いた本などを読み、東洋思想に傾倒した。

1年後の1974年2月、養父の住むロスアルトスに戻り、当時従業員50名のビデオゲーム会社「アタリ」に時給5ドルで社員となった。

生きる価値を求めインドにわたり、叡智を授けてくれるインドの著名な導師のもとで修行したいとアタリに退社を申し込んだ。

するとチーフ・エンジニアから提案があった。インドへは欧州経由だから、途中の欧州のアタリの代理店に立ち寄って、在庫している1秒60フレームの米国仕様のアタリのゲーム機を、欧州仕様の1秒50フレームに改造作業を現地でやってくれくれれば、インドへの旅費を援助すると言われた。

そこで19歳の時、インドに向かう旅に出た。途中欧州のアタリの代理店に立ち寄って、依頼されたゲーム機の改造作業をやった後、インドにわたりヒンズー教の著名な導師をたずねた。しかし、すでに亡くなっていた。他の導師の求めて、更に渡り歩き、苦行、貧困、欠乏生活を送った。この間、西洋的合理的思考法ではなく直感で物事を見る事を学んだが、心の平安を味わう悟りには至らず、1年あまりで養父母の許に戻った。
1975年にロスアルトス市近郊の俳句禅堂に住み込んで布教活動を行っていた日本人禅の曹洞宗僧侶・乙川弘文導師に初めて出会った時、「師を求めて世界を旅する意志さえあればすぐ隣に見つけられるであろう」といわれ、「探していた導師はこの人だ」とジョブズは直観したという。師の教えどおりの「坐禅」を始めると、インドでは得られなかった平安な心境が得られたという。

自宅に戻ってから、再びゲーム会社「アタリ」で夜勤するようになった。以前にアタリで昼間に働いていた時と違って、インドでのヒッピー生活によって、ジョブズは穴だらけのGパンに裸足で長髪、ひげが伸び放題のホームレス特有の悪臭をまき散らすようになっていた。ジョブズの働きを知っていたアタリ社は、同僚に迷惑のかからないよう隔離できる、一人だけの夜勤務を命じたのであった。

当時、親友のウォズニアックは近くのアパートに住んでいて、著名なヒューレッド・

パッカー社（略称HP社）に勤めていた。ジョブズが一人だけで勤務中の夜にアタリに遊びに来て、会社にあったビデオゲームで遊んだりしていた。

アタリの上司からジョブズに、ブロックを崩す一人用のゲーム機の開発を4日間でやるようにと命じられた。直ぐに親友のウォズニアックに協力を依頼したところ、ゲーム機の設計試作をアタリで実際にやらせてもらえることに感激、即断で引き受けた。

ウォズニアックは昼間はHP社に出勤し、夜はアタリで徹夜で設計図を完成させた。組み立て作業はジョブズも手伝い2人がかりで4日間で完成させた。

会社に完成品を引き渡した報酬は5000ドルだったがウォズニアックには700ドルと嘘をついて350ドル渡した。ウォズニアックが作った一人用ブロック崩しゲームソフトはアタリ社にとって過去3番目のヒット商品となった。

ジョブズは、夜勤明けの日中はロスアルトス近郊の「禅センター」の弘文導師を師と仰いで日本の禅の指導を受け入れ、毎朝、毎晩、瞑想を行っていた。

日本の禅はゆったりとして心を静めれば、物事の現状を把握でき、今まで見えなかったものが直観によって西側世界の合理的思考のおかしなところが見えるようになったという。合間にスタンフォード大学で物理や工学を受講するという生活を送っていた。ジョブズが禅にはまり込んで仏教徒になったのは、禅の２つの要素の「知恵」と「パワー」に引かれたからだった。知恵＝先を見通す能力、パワー＝内面的な力。後にアップルの社員達はジョブズの唯我独尊的なパワーの発揮を「現実歪曲フィールド」と名付けていた。歪曲されたものが実現してしまう結果にあきれていた。

以後、ジョブズは生涯座禅を組んで瞑想することが習慣となり、これにより先を見通す能力が磨かれると共に、目指す目標に向けてのパワーを得たという。

弘文導師が亡くなるまで師と仰いで、ジョッブズが36歳、ローレン・パウエルとの結婚式は仏教式に弘文導師に式師してもらった。

１９７６年ジョブズが21歳の時、自宅のガレージを事務所にして、２人はパーソナルで使えるコンピュータを作る「アップルコンピュータ」を創業した。

「構想」するジョブズと「実行」するコンピュータおたくのウォズニアックが株式を半分ずつ出資した共同経営であった。当初、設立契約書を書いたウェインが10％出資して株主として名前を連ねていたが、出資に不安を感じとり14日後に退任を申し出て出資金の返還を受けていた。

当時は業務用のコンピュータや手作りでオタクが組み立てるものしかなかった時代だった。

ある日の深夜、穴だらけのGパンに裸足で長髪、ひげが伸び放題のジョブズが、寝ていた弘文導師夫妻をたたき起こし真剣な顔をして「悟りを得た」と伝えに来た。

スタンフォード大学病院の看護師をしていて禅センターに通っていて知り合った妻はジョブズを家に入れることを拒否。

ジョブズの真剣さを感じた弘文は、近所で1軒だけ開いていたバーに連れ出して話を聞いた。そして悟りを得たのなら証拠を持ってくるようにと諭した。

1週間後、ジョブズはウォズニアックが作った金属板（コンピュータ基板）を差し出した。ジョブズがアップルⅠのコンピュータ基板を悟りの証拠として示したわけは、この世に生を受けた自分の使命が、業界で初めてのパーソナルコンピュータを世に出すことであること。自分達がこれから生み出すパーソナルコンユータによって、人々の暮しがより豊かで便利になり、後世に貢献できるとの確信が坐禅によって得られたからという。

アップルが創業した時の、売り先は、コンピューターの各部品や基板、電源、モニター、キーボードなどを売る、マニア向けのコンピュータショップしかなかった。

その店でマニアや業務用コンピュータを必要とする企業が、電源や、キーボードやモニターや、ＭＰＵや８ビットメモリーやＢＳＡＩＣなどを組み込んだ心臓部の基板（マザーボード）や配線ケーブルなどをそれぞれ選んで、買い取った人がコンピュータを完成させるといった時代であった。

ウオズニアックが最初に作ったのは、コンピューターの心臓部である基板（マザーボー）であった。基板にはＭＰＵや８ビットメモリーや、ウオズニアック自作のＢＡＳＩＣソフトが組み込まれている。

最初にウォズニアックが作ったマザーボードに５００ドルで50台の注文をしたのは「バイトショップ」という店名のコンピュータショップであった。ジョブズが、追加で50台を30％上乗せした６６６ドルでほかのコンピュータショップに売り込んだ。計１００台作るためには、先払いする部品調達に必要な運転資金が必要となる。

ジョブズは、この悟りを基に、モニターやキーボードや電源など完全パッケージ化したアップルⅡを、１９７７年４月にサンフランシスコで開催されたコンピュータフェアで発表。この展示会で多くの注文がはいった。

その後の16年間で累計６００万台も売れて、世界で初めてのパーソナルコンピューター産業を興した栄誉と繁栄をジョブズとウォズニアックは享受し、株式の上場で２人は大金持になった。

当時のアメリカのビジネスマンの間で、禅は論理的思考だけでは叶えることのできない「イノベーション」につながるとされ一大ブームが起きていた。

ジョブズは１９８５年創業したアップルから解雇された苦しい時には、持ち株売却によって買い取っていたカリフォルニア州ウッドサイドの豪邸を自宅としていた。

１９８９年豪邸の中の一角に弘文導師を住まわせた。ジョブズが再びアップルに復帰するまでの７年間の間、いつでもジョブズの心の苦しさの癒し主としての役を果たしていた。弘文導師は新たな住まいを「心月院」と名付けて布教活動も行っていた。退去後はサンタクルーズ市の日本古民家風の住居に定住した。

〈ソニーから学んだアップルの社是「テクノロジーによって世界の人の暮らしを変える」〉

アップルを創業する数年前にジョブズは東京のソニーを訪れ、次のことを学んだことが伝記に記されている。

「世の中が必要だと思ってもいないテクノロジーを提供することで、世の中の人が想像もしなかった人々の暮らしを変えよう」というジョブスのひらめきは、ソニーから学びました。ソニーは元々東京通信工業という名前だったのが、もっと親しみの持てるソニーに変えたのです。アップルという名前の採用は、ある意味で、その第１歩だったと言える」（ブレント・シュレンダー他著、井口耕二訳『スティーブ・ジョブズ　無謀な男が真のリーダーになるまで』２０１６年9月日経新聞社刊）

ソニー訪問では井深氏と盛田氏の共同経営者と面会し、ソニー新製品のポリシー「世の中になかったもの、人のやらないことをやる」との企業文化を学び感激するとともに、繁華街の銀座やニューヨーク5番街にソニー直営店を持つことがブランドイメージ向上につながることも学んだ。

5 アップル創業4年目にして大金持ちとなる

創業したてのアップルコンピュータの開発第2弾「アップルⅡ」は世界初のパーソナルコンピュータとして認められ大ヒットした。この時、ガレージを出て、ビルの一角に事務所を借り、社員は10名となっていた。このビルにはソニーの営業所も入っていて、ジョブズはここでもソニー新製品の情報を入手していた。

創業4年後に株式を上場。２人が手にした個人資産の金額換算はそれぞれ2億５６００万ドル（当時の円換算２５６億円）の大金持ちとなった。

ジョブズは株式公開によって手にした個人資産2億５６００万ドルの内、養ってくれた両親に１５０万ドル（当時の日本円換算4億５０００万円）分の株式をプレゼントした。

このお金で両親はジョブズを転校させる際に買ったロスアルトスの分譲住宅の借金を完済し、初めて無借金の生活を味わうことができたと喜んだ。

有り余ったお金を使って豪邸に住もうとは思いもしなかったという。

贅沢は毎年夫婦でパナマ運河を通るクルーズ船を楽しむだけの質素な生活に満足していた。

数年後、当時のレーガン大統領から2人に「第1回アメリカ国家技術賞」が授与された。

アップルⅡは、発売後16年間の累計で６００万台も売れた。

急拡大する会社経営はジョブズでは対応できず、外部からマイク・スコット、マイク・マークラ、ジョン・スカリーと3代にわたり社長職を委託していた。

1983年3月10日ジョブズは、アップルⅡでは記録媒体として5・25インチのフロッピーディスクドライブ（略称FDD）を採用していて、IBMのPCには安価なアルプス電気製5・25インチFDDが使われアップルⅡでも採用していた。

開発中のマッキントシュで使うFDDに、ソニーが新しく開発したプラスチックケースにディスクが収められ胸ポケット入れることもできる3・5インチFDDを採用することを決めた。

ジョブズとマッキントシュ担当のボブ・ベルフィールとアップルⅡに採用した5・25インチのアルプス電気を担当したロッド・ボルトの3人は、日本に出張して調達の商談をしに行くこととなった。

まず最初に訪れたのはIBM－PCとアップルⅡが搭載している5・25インチのFDDを生産している東北のアルプス電機に行った。

ソニーとFDDのクロスライセンスを取得しているアルプス電気は、ソニー新開発の3・5インチFDDを1から金型を起こして供給することを約束した。

だがアルプス電気の工場の現場を見たボブ・ベルヴィールは1から金型を起こしてやるのではアップル社の希望納期に間に合わないリスクを感じた。

次に訪れたのは東京のソニー。新開発の3・5インチFDDの商談はソニー厚木工場・情報機器本部の宮本敏夫本部長が対応した。アップルの要求は、既にヒューレットパッカード社に提示している価格が114ドルなのを知っており、量を出すからアップルに1台75ドルでFDDを供給するよう要求した。

当時FDDは日立製の3インチとソニー製の3・5インチ間で小型FDDの規格争いしていたの時だったのでアップルをソニー陣営に巻き込むため、翌日75ドルで妥協しますと回答した。

この出張でジョブズは、クロスライセンスを持っているアルプス電気にソニーの提示した価格より安く作らせて3・5インチFDDをマッキントシュに搭載することを決めた。

結果は、納期土壇場となって、アルプス電気側から間に合わないと言ってきたので、発注はソニーになされた。

ジョン・スカリーは、社長着任1年で、新製品のマッキントシュの売価設定で対立した。取締役会では、ジョブズの独断専行による社内の混乱に批判的な取締役会がジョン・スカリーを支持し、ジョブズをマック開発設計部門の権原を外し、無所任の会長職とする決議がなされた。

ジョブズは創業後9年目の30歳の時、自らが創業した会社での実務権限を外されたことに反発。自身の持株を1株だけ残して全て売却して退職した。

共同創業者のウォズニアックは自身が発明したボタンが少なく様々な機器をコントロールできるユニバーサルリモコンの子会社を設立して退職していた。

このことはジョブズもスカリーも知らずウオールストリートジャーナル紙の記事で退職を知ったのだった。記者には、社の上層部に退職を伝えるほどの自分は重要人物ではなかったからと、この5年間アップルの進む方向は間違っていた旨を語ったという。

6 ジョブズを失ったアップル社の命運と1から再出発した11年間

〈1から出直すことを決心したジョブズ〉

ジョブズはアップルから、退職に追い込まれた仕打ちに一時ショックを受けて何もしない日々を送っていたが、手元には所有していたアップル株を1株だけ残してすべてを売り払った豊富な資金を持っていた。

この資金を使って何をやろうかと模索していたが、やはりアップルを創業した当時と同じようにコンピュータに賭けることを決意し1985年に教育、ビジネス用の高性能なコンピュータを開発・製造するNEXT社を起業した。

また1986年にジョージルーカスが経営するルーカスフイルムのコンピュータグラフィック（略称CG）部門の買取を申し入れ、交渉の結果1000万ドルで買収し「ピクサー社」として傘下の独立した会社とした。

ジョブズはピクサー社をCGに関連するハードウェアの販売やソフトウェアを開発する会社として育てるつもりでいたが赤字が続いた。自身の資金までも投入したが1991年には倒産寸前に追い込まれた。

だが同年ピクサー社の得意なCGを使ったアニメーション映画制作にディズニーが資金提供とプロモーションを行い映画興行収入の10%が支払われる契約がなされた。ディズニーから1995年世界初のフルCGの「トイ・ストーリー」の長編アニメ映画が公開され全世界で大ヒット。3億6000万ドルの収益を得た。収益はディズニー社からピクサー社に分配されることとなり経営は再生した。

この期に乗じジョブズはピクサー社の株式公開を行い上場。ジョブズが保有していた株式の価値は跳ね上がり6億ドルとなった。

ディズニーとのCG映画作成の契約決断が、ピクサーを倒産の危機から救い成功へと導いた。

88年10月ＮＥＸＴ社からＮＥＸＴコンピューターを発表したが不評でＮＥＸＴ社は更なる経営難を抱えた。90年９月ネクスト・ステーションを発表するもまたも不評だった。

そこで530人の社員の内230人をリストラした。ＮＥＸＴのハードウエア部門はキャノンに売却。ソフトウエア開発事業だけの会社としてＮＥＸＴ－ＯＳを開発し各社に売り込んだ。

ジョブズを失ったアップルは、その後、斜陽となって1996年11月、社内開発をしていた次期コンピュータＯＳの欠陥がわかり、外部からＯＳを手に入れるため探索した結果、ＮＥＸＴ社が開発したＮＥＸＴ－ＯＳを採用することを決めた。

これはその後のアップルのＭＡＣ－ＯＳの基盤となったり、世界初のＷＥＢサーバに使われることとなる。

ＮＥＸＴの株主ジョブズとの間で、４億ドルでアップルが買い取る契約が成立。これがきっかけとなってジョブズは11年ぶりにアップルに復帰することとなる。

復帰したジョブズは、ＣＥＯのアメリオを除くすべての役員を味方につけて、取締役会で「CEOのアメリオではアップルの業績を上げられない」として退任を決議させた。

ジョブズ自身がCEOに就任することは断ったが、97年9月ジョブズは暫定CEOとしてならと引き受けた。

アップルの業績回復には、役員へのストックオプションの引き下げを提案したが取締役会で却下されたため、筆頭株主の立場から、役員らに退任を迫り、ほとんどの役員を退任させた。後任にはオラクルのエリクソンなどジョブズと関係が深い人たちが選ばれた。

ディズニーとピクサーとの契約7年後の2006年、ディズニーはピクサー社を約74億ドル相当の株式交換で買収。ジョブズはディズニーの最大の個人株主となった。当初1000万ドルで買収したピクサー社が、74億ドル相当で評価されたためディズニーに売却が、ジョブズに再び巨万の富をもたらした。

7 ジョブズ復帰後のアップルの飛躍

　1997年7月、マイクロソフトの間で業務提携を成立させた。内容はマイクロソフトから1億5000万ドルの資金を受け、Mac版のマイクロソフト・オフィスとインターネット・エクスプローラの2つの提供を受ける提携だった。

　同年11月には、オンラインストアのアップルストアを開設。アップルが取り扱うのは次の4分野に絞った。

　プロ用ディスクトップPCのPOWER・MAC、プロ用ノートPCの。POWER・Book、一般ユーザー向けディスクトップPCのiMac、一般ユーザー向けノートPCのiBookの4分野。

1998年5月6日筐体が透明なスケルトンデザインを採用した初代iMacを発表。年末までに80万台を売り切る大ヒットとなった。

1999年7月21日無線LANが内蔵された一般ユーザー向けiBookがユーザーから大絶賛された。

8 21世紀に入りアップルはGAFAMと言われる世界最大の繁栄会社に

21世紀に入って2000年1月5日のマックワールドの会場でジョブズは暫定CEOから、正式なCEOとなったと発表。ますます「世の中が必要だと思ってもいないものをアップルがテクノロジーを提供することで人々の暮らしを変革させる」を加速させるイノベーションを巻き起こし世界を魅了させた。

ジョブズが創業したアップル社は21世紀に入ってiPod、iTunes、iPhone、iPad、iCloud

といった新製品を通して世界の人々のライフスタイルを変革し続けてきた。最大の革命を世界に起こしたのはiPhoneであることは、世界のだれもが認めている。

ジョブズCEOが現役時代、２００７年発売当初のiPhoneのアメリカの売値は559ドル、日本では２００８年６９８００円でソフトバンクが売り出した。

iPhoneのＯＳは世界中の言語に対応しており、言語表示は簡単に切り換えられ全てタッチパネルを指で直接触る操作方式を採用。インターネットパソコンに携帯電話機能がついている世界初のスマートホンである。

これにより国別に仕様が異なる従来の折りたたみ式のキーボタンで操作する、いわゆるガラケー携帯電話市場が激減。携帯電話で世界トップだったノキアをはじめ各国の携帯電話メーカーは撤退せざるを得なくなった。

iPhoneが世界をスマートフォン一色化する驚異的な大革新をなしたのだ。

グーグルのアンドロイドＯＳを搭載したスマホは1年遅れの２００８年7月に発売された。今では、スマホがiPhoneと、グーグル提供のアンドロイドを取り込んだ旧携帯電話会社群に2分されている。

2023年の日本において、メーカ別シェアはiPhoneが過半数の51・6%で12年連続1位の座を維持し続けている。

9 生まれてすぐに捨てた生みの親を探し劇的な再会

創業したアップルを1985年9月にジョン・スカリーに創業した会社を追放され、自由な時間が出来た。1986年養母が肺がんで亡くなった時、残された養父のポールに、自分を生んだ母親がロサンジェルスに住んでいることが分かったのだけど、会いに行ってもいいかと聞いた。ポールは生みの母親に会えるのだったら遠慮なんかしないで会ってきたらといってくれた。

養母が保管していた自分の出生証明書にサンフランシスコの医師の名前が記載されているのに気がついて電話帳を調べると医師の名前が載っていた。そこで電話をするとつながり自分の事情を話し、生みの母親の名前を問い合わせた。しかし医師は当時の記録は火事の際に焼けてわからないといわれ、がっかりさせられた。

数年後、突然その医師の妻からジョブズ宛に手紙が届いた。「生みの母親はウイスコンシン州出身の未婚のジョアン・シーブルという名前の大学院生」と書かれていた手紙だった。夫の医師が臨終間際に妻に郵送を託したものだった。すぐにジョブズは私立探偵を雇って調べさせると次のことが判明した。

ジョブズの実父は同じ大学院生だったシリア人のジャンダリー。ジョブズを生んだ後、2年後に結婚し、モナという妹を生んだ。だが5年後に離婚し、ジョージ・シンプソンと再婚。ジョアン・シンプソン姓になったが再び離婚し妹を連れてロサンジェルスに住んでいる。その住所と電話番号まで調べてくれた。

1986年生みの母親の住むロサンジェルスの自宅を訪問し再会した。

母の父親が、同じ大学院生だった恋人のシリア人との結婚を認めず、生まれてくる子をすぐに養子に出せとの圧力をかけられていたという。2年後に母の父親が急死したので結婚出来て妹が生まれた。養子を出した子を連れ戻そうとしたが産院で照会を拒否された。自分は子供を養子に出すというひどい事をしたと後悔し続けていた。涙を流し繰り返しジョブズに謝り続けた。

ジョブズが、養子に出されても大事にされて、全く気にしていないと語って母をなぐさめた。落ち着きを戻した母は、妹のモナ・シンプソンのことを話した。

「妹には、実の兄がいることは話していない。今ニューヨークのマンハッタンに住んでいて小説家として身を立てようと頑張っている」と話してくれた。

そして実の母は、ニューヨークに電話して、あなたにはカリフォルニアに住んでいる長髪の素敵なお兄さんがいて、お金持ちになった有名人であること、今度一緒に連れてニューヨークで合わせたあげることだけを伝えた。

86年末、実の妹の住むニューヨークのセントレジデンスホテルのロビーで初面会した。妹は文芸雑誌パリ・レビューで働いて、小説の出版前の忙しい時であった。母ジョアンに紹介された兄は、アップルを創業したスティーブ・ジョブズで、ざっくばらんに話してくれる優しい人だったとモナは語っている。

スティーブは、自分とあまりにも顔かたちが似ている妹にわくわくしたという。

カリフォルニアに帰っても、ジョブズはニューヨークに作家の妹がいることを自慢げに話していた。

10　１９９１年36歳の時 27歳のローレンと結婚し長男リードを授かる

１９８９年10月スタンフォード大学のビジネススクールの講座に、ジョブズが講師として招かれていた教室に、新入生のローリン・パウエルも聴講しに来て、満員で座るところがなく、最前列の席にすわったところ登壇前の講師のジョブスが座っていた。

登壇前の司会の紹介を待つ間、ジョブズは、隣の席に座った美人のローリンと雑談することにし、彼女に興味を持った。講演が終わり、ローリンが教室から出ていくのを見て、彼女の後を追い夕食に誘ったことがあった。

これが縁で1990年1月にローリンにプロポーズし承諾を得た。

1991年の3月に雪の降るヨセミテ公園のアワニーロッジで結婚式を行った。養父のポール、妹のモナ・シンプソンと婚約者の弁護士リチャード・アベルを含め50名が参列した。結婚式の司式は禅の僧侶乙川弘文が執り行った。

1991年9月、長男のリード・ジョブズが誕生した。現在は医師としてがん研究に従事しているという

1995年8月、妻ローリンとの間に第2子長女のエリン誕生

1998年5月、妻ローリンとの間に第3子次女イブ誕生、今はスタンフォード大学を卒業し才色兼備のモデルとして活躍

アメリカでは子供が13歳になると、親の保護から離れてアルバイトなどに従事できるとされて、人生の一区切りの年齢を祝う習慣がある。ジョブズは3人の子供がそれぞれ13歳になると、自身が大好きな日本の京都に連れて行く家族行事を大事に守っていたという。

11 孤独の中に生まれ、愛妻や妹、４人の子供に見守れ大往生

ジョブズは、長年患っていたすい臓がんを抱えており、かねてからＣＥＯの職務を全うできなくなった時、取締役会に直接伝えるとの約束していた。２０１１年８月体調不良で会社を休職していた時、がんの末期症状であることを悟り、最後の気力をふり絞り、同月24日の定例取締役会に車いすに乗って出席した。そしてＣＥＯの職務を５歳年下のティム・クックに引き継ぎ、会社経営のすべてを任すことを決議した。

同年10月５日のジョブズ亡き後は、13年間にわたってティム・クックＣＥＯは、創業者が伝えてきた企業文化のタテ糸を実践し会社を躍進させ、現在では社員16万人の世界屈指の時価総額２兆ドルの最先端技術を誇る大会社を維持している。

後継者のティム・クックは、大切な決断をする時、「スティーブなら何をしただろう

という考えをブロックしろ」とのジョブズからの言葉が、プレッシャーを和らげてくれてありがたかったと、ウォール・ストリート・ジャーナル誌に伝えている。

亡くなる半年前に妻にあてたジョブズの手紙には、20年前初めて出会った時と同じく「僕は今も君に夢中だ」と書かれていた。

ジョブズは亡くなる前の日に、妹のモナ・シンプソンに「早くパロアルトに来てくれ。君が僕の死に立ち会えないかもしれないと心配なんだ」と電話をかけてきたことをニューヨークタイムズ紙に語っていた。

翌日10月5日パロアルトの自宅でジョブズは最後の日を迎える。亡くなる時は最愛の妻、子どもたち、そして妹がベッドに寄り添っている中で、「オー、ウオー」といった最後の言葉の意味は誰にもわからなかったと言われていた。

だが「富は私が死ぬ時に一緒に持っていけるものではない。私が持っていける物は、愛情にあふれた思い出だけだ」と生前、病院で語っていたこととと、関連があるように思われる。

生みの親も誰だかわからない孤独の中で、産院で生を受けたジョブスが臨終の時は、病院ではなく自宅で、多くの肉親が見守ってくれている中で、「満足げに旅立てた」という最後の意思表示だったのかもしれない。

スティーブ・ジョブズの遺産は、妻ローレンと婚外子のリサ・ブレナン・ジョブズに相続された。

妻ローレンが産んだ3人の子供たちには遺産を1ドルも受け取れなかったのは、ローレンが亡くなった後、妻が相続した207億ドル（円換算2兆2000億円）は3人の子供が相続できるとのジョブズの配慮だったのだろう。

8月24日、ティム・クックにCEO引き継の決議をした取締役会の終わった夜に、パロアルトの自宅の招いた親しい伝記作家に人生を振り返って語った言葉は、

「すごく幸運なキャリアだったたし、すごく幸運な人生だったよ。やれることはやりつくしたんだ」

これがジョブズの辞世の遺言となった。

第5章

40年周期のパラダイムシフトの歴史をめぐる

―その時の指導者が国家の盛衰を決める―

縁故主義リーダーが国を亡ぼし、変革リーダーが栄えさす40年周期

縁故主義とは、ネポティズム（Nepotism）といって欧米で広く定義されている用語の日本語訳である。社会学では同族、同郷者に限らず、同じ共同体に属する排他的思想に偏る内集団をさす。

また、官僚組織について、カレン・ヴァン・ウオルフレンは、その著書『日本／権力構造』において、「官僚組織の性質は、これを統制する能力のある指導者がいなくなれば、縁故関係者間だけで国の予算をむさぼる自動操縦官僚機構の本質が表面化する。

戦前の陸軍や海軍も官僚機構である。明治維新に活躍し、官僚を指揮統制した伊藤博文など元老たちは後継者を残さなかったため、常識的に考えれば勝てるはずがなかった戦争に突入しまったのも、このリーダー不在の自動操縦官僚機構の性質によるものだった」と分析している。

この分析に当てはまる事案が起きている。

安倍政権下での、森本・加計学園問題では時の首相との関係で省庁の許認可が決まるのではとの疑念が抱かれ、政治家だけでなく、官僚の世界でも「忖度」が横行した。

岸田政権下では、首相秘書官の長男らの官邸内での公私混同した醜態が世論の批判を浴びた。縁故主義の弊害が表面化した例といえる。

1 井深大による近代日本の40年周期論

井深は近代日本が、40周年でパラダイムシフト変革がなされており、特に、自分が生きていない21世紀において、日本を牽引する国や企業のリーダーのあるべき姿などについて講演などで語っていた。

とくに、戦後80年目となる２０２５年においては、時のリーダーしだいで、21世の日本が真に豊かな国となるか、または凋落していくかが始まるとしていた。

（前著『井深大と本田宗一郎の遺訓』ごま書房新社）

井深は、近代日本の開国から始まる40年周期の日本社会の大転換・パラダイムシフトを年代順に次のような主旨を述べていた。

①1865年、日本は永年守ってきた鎖国主義を捨てて開国宣言をした年であり、これが明治維新への引き金ともなって、日本が世界の文明国へ歩みはじめた年となる。

1865年は攘夷派の孝明天皇が幕府の結んだ日米修好通商条約等に勅許を与え国論が開国に一致した年。前々年に攘夷派の薩摩は薩英戦争、前年に長州は馬関戦争で敗北し開国に転換（著者注釈）。

②1905年日露戦争に勝利し、実質的に世界一流国の仲間入りの途が開かれた大転換の年。

③1945年第2次世界大戦の敗戦を迎えた年。国体の大転換のショックを日本国民に与えた。

④1985年物質的、経済的に十分な繁栄を達成し、世界的な大成功を達成した年。

⑤２０２５年は、時のリーダーにより21世日本が真に豊か国となるか、先進諸国から凋落し悲惨な状況になるかが始まる年となる。

2 １９０５年、日露戦争に勝利し世界一流国の仲間入りの途が開かれた大転換の年

井深大は、日露戦争終結直後の１９０８年に生まれ、第２次世界大戦敗戦の１９４５年８月時には、37歳で軍需産業の日本測定器の共同経営者であった。

１９０５年からの40年間を前半の20年間と後半の20年間について詳細に述べてみる。

〈前半の20年間〉１９０５年～１９２５年

１９２２年まで続いた日英同盟により日露戦争や第１次世界大戦に勝利。

日本は英国や米国からの戦費調達支援や、ロシア艦隊が日本にせまる情報提供を受け

て1905年に勝利した。

元老だった伊藤博文は憲法草案に携わった側近の金子賢太郎を、米国に派遣した。彼がハーバード大学ロースクール卒で日露戦争時の米国ルーズベルト大統領とは同期だったことを知っていた。

金子はアメリカでルーズベルト大統領と面会し、日米講和の仲介役を引き受けてもらった。日露戦争は米国ルーズベルト大統領の仲介で終結できたのだった。

9年後の1914年に勃発した第1次世界大戦では、英仏伊などの連合国の一員として日本は参戦。連合国は敵対するドイツ帝国を中心とした同盟国側に勝利し、米英仏伊と並ぶ5大国としての地位を確立した。日英共通の敵であったロシア帝国が滅んだので日米同盟は1922年解消した。

この日米同盟が続いていた20年間は日本が比較的平和な大正デモモクラシと呼ばれた平和な時代だった。主権は君主にあり、主権者は一般人民の利福・意向を重んずべきことが主張された大正デモクラシーは戦後民主主義を形成する上で大きな意味があったといわれている。

〈後半の20年間〉 １９２６年〜１９４５年

ここからの20年間は、戦争に明け暮れた日本国と、最後は敗戦に導いたリーダー東条英機を中心に述べることにする。

１９１９年、日露戦争後、ロシアの租借地だった旅順や関東州を受け継いで一個師団１万人の小規模な関東軍が正式に設立され司令部が置かれた。

１９２８年石原莞爾は関東軍参謀に着任。

１９３１年関東軍は満州事変を起こし中国北東部を武力で占領。

１９３２年皇帝溥儀を擁して満州国設立。

１９３５年東條英機は満州の関東軍憲兵隊司令官に就任。

東条英機は「統制派」と呼ばれる派閥に属し「政府要職を、軍部の息のかかった人物で独占することで軍事政権を築く」ことを目指していた。

１９３５年、日本の中国侵攻を非難され、世界から仲間外れにされた日本は国際連盟を脱退した。その後ファシスト国家ドイツのヒットラーとイタリアのムッソリーニとの３

国連盟を結んでファシスト国家主義の道を転げおちていった。この時期、アメリカは日本向け石油等の資源供給をストップさせ、日本封じ込め戦略を行使した。

1937年東条英機は関東軍参謀長に就任。日中戦争の勃発に伴い中国チチハルを東条兵団が占領。その後撤退。日中戦争時には中国に100万人の兵力を投入した。米英は英国植民地ビルマから、大量の武器や物資を、中国軍拠点の重慶に輸送する支援を開始。日本軍は多くの戦死者を出し、これを阻止しようと南仏印に陸軍を上陸させ、戦火を更に拡大させていった。

1938年東条英機は陸軍省の次官に就任。着任時、「支那事変の根本解決には中国を支援する英米、ソ連との2正面戦争を決意し準備をしなければならない」と語り、新聞に「東条次官、2正面作戦の準備を強調」と掲載された。

2年後には第2次近衛内閣の陸軍大臣に東条英機は就任。

そのころ海軍の戦略家らはシミュレーションによって対米戦争は日本の破局化につながると政府に報告していた。戦争回避の和平外交を進める近衛文麿内閣は中国に展開している陸軍の撤兵を要請。東条陸軍大臣は激怒したという。

１９４１年10月16日。近衛首相は東条陸軍大臣の激怒によって、外交解決を見出せなくなり、翌々日に「東条大将が英米開戦の時期が来たと判断しており、その翻意を促すために四度にわたり懇談したがついに説得できず輔弼（ほひつ）の重責を全うできぬ」とし、総辞職した。

１９４１年10月18日東条英機が首相着任、２カ月後の12月５日真珠湾奇襲攻撃によって大平洋戦争勃発。

翌日のラジオの全国放送で、だれ一人予想だにしていなかった日米間の戦争が始まったことを知らされた。国民は驚天動地の思いを味わされてショックを受けた。

開戦４カ月後の１９４２年４月18日日本近海に進出した空母ホーネットから16機のB25爆撃機が発進し東京を初めとして主要都市を爆撃した。東京の下町が爆撃によって死者が出て、天皇は皇居内防空壕に避難を余儀なくされたのだった。

特に開戦４カ月後にして、天皇が防空壕に避難せざるを得ない事態を招いたことで海軍は焦って、ミッドウエー作戦を立案。日本を爆撃したアメリカ空母を含む３隻をミッドウエー島海域に呼び出し、せん滅する作戦であった。

ところがレーダー技術に勝っていたアメリカは、先に日本の空母の位置を知って、艦載機を発進。3日間の戦いで日本側は空母4隻を失う大損害を被り太平洋での制空権を失った。その後、太平洋域でアメリカ軍が逆転優位に立った。

そして4年後の1945年8月15日12時、NHKの全国放送で突然天皇自らの敗戦の詔勅が伝えられ、日本がアメリカに降伏したことを知らされた。

1945年8月15日、日本は亡んで米軍の占領国となったのだった。

太平洋戦争は、元関東軍参謀の東条英機のような統制派軍人の縁故主義リーダー、少数の人間の独断専行によって、日本の国自体が亡ぶ結末を迎えたのだ。

企業経営も国家経営も「公に尽くす」信念を持った変革リーダーが官僚組織を指揮すれば、従う多くの人が共鳴して企業や国を富ませることにつながる。

しかし限られた仲間内の利益のみを追求する縁故主義リーダーが権力を握ると、官僚組織は縁故関係者間だけで国の予算をむさぼる自動操縦官僚機構の本質が表面化して、民心が離れ、企業破産や国家滅亡を招くという真理は変わらないのだ。

だから「公に尽くす」信念を持った企業経営者は、社内に派閥の動きがあれば直ちにそのボスを排除する。排除しなければ、民心が離れ時代の変化に対する革新が出来ず衰退するのが真理である。

3 １９４５年からの40年間で、アメリカに次ぐ経済大国となりハイテク技術で世界最先端を走る国となる

戦後40年間は資本主義が機能し、民主主義の三権分立が維持されていた時代だった。国家予算も、防衛費はＧＮＰ１％枠を維持し、戦後復興に多額の予算を計上できた時代だった。企業の変革主義リーダー井深大や、本田宗一郎や、宅急便の小倉昌男などが、立ちはだかる政府の規制に対し、司法に訴えて勝ち取ったことで日本をアメリカに次ぐ

第2の経済大国にのし上げ、ハイテク技術で世界最先端を走る国家となった。人々の暮らしが豊かな国に成長させたのだった。

1. 日本の政治状況

日本政治の特徴について、ジェームズ・ファローズ著書『日本封じ込め』の中で、「日本は民主的とは言えない。重要な政治決定は常に委員会、官僚機構、政党リーダなど少数有力者によって下される」「日本の権力者は自分たちの権益を高め、変化の試みを笑い飛ばす」と指摘している。

中曽根康弘首相（1983〜1987年）は「戦後政治の総決算」を唱え、12月の安倍晋三首相（2006〜2007年、2013〜2020年）は「戦後のレジームからの脱却」を唱えた。

両首相が非難する、戦後政治とは、戦後の国のリーダー吉田首相が「日本は軍隊を持ち同盟国の仲間入りをするが、憲法第９条を盾に同盟国の戦闘参加義務は免れる」ことを半永久的に日本の政治政策となることを望んだことを言う。

中曽根首相や安倍首相が目指したものは、憲法第９条を改定して、日本が同盟国アメリカとともに戦争に参加できる国を目指したのであった。

中曽根政権には、中曽根首相の過激な発言を押さえるのが官房長官の役割と心得ていた後藤田正晴氏がいた。

中曽根首相が目指した「大統領型の政治指導」を「官邸指導」改めさせ、１９８７年のイラン・イラク戦争で米軍がペルシャ湾での機雷除去要請をした時、首相が自衛隊の掃海艇を派遣すると言ったのを官房長官が中止させたことがあった。

政権が代わって１９９１年湾岸戦争の時に再び米軍からペルシャ湾の機雷除去の要請があり、日本政府は、初めて自衛隊の掃海艇を海外に派遣した。

安部首相時代には、もはや、縁故主義リーダーの安倍元首相の行き過ぎを諫めるような官房長官はいなくなり、天皇が主催の桜を見る会に安部首相の選挙区の支持者を多数招いたり、森友・加計学園などの利便を図ったりと、自民党派閥の利益を最優先する縁故主義リーダーによる政治支配によって日本は衰退の道を歩み始めた。

2. 日本の経済状況

(1) とどまることを知らない世界最先端を行く日本のハイテク技術

戦後40年で、半導体の先端技術で世界の覇者となった日本は、これまでアメリカが発展させてくれてきたコンピュータ分野の半導体チップやコンピュータを動作させるOSソフトについても日本が肩代わりすることを目指した。

そして90年代に通用する32ビットや64ビットの日本初の超LSIのチップを開発して世界のデファクトスタンダードをとろうと1984年に産学協同のTRONプロジェクト等が発足した。中南米に衛星放送技術を供与する動きも進展していた。

当時の半導体生産世界ランキングは1位がNEC、2位が日立、3位が東芝、4位がモトローラ、5位がテキサスインスツルメンツ、6位がフィリップス、7位が富士通、8位が松下電器産業、9位が三菱電機、10位がインテル。国別シェアでは日本が46％となり、米国を抜いて世界一であった。

東京大学理学部情報科学科の坂村健助教授をリーダーとする産学共同参画の1984年委発足したTRONプロジェクトや、NHK技研のミューズ方式の衛星放送技術など利潤追求の要素の無い中立的立場にある大学やNHKが特許を取得。

プロジェクトに参加するIBMなどアメリカ企業も参加でき特許は無償で使えるので米国企業の脅威にはならないと解釈していた。

（2）覇者日本の誤算

戦後、核兵器を持つアメリカ軍とソ連軍は直接戦うことはなかったがソ連が支援する中華人民共和国と朝鮮人民共和国との朝鮮戦争でアメリカ軍は3万6千人が戦死。次いでベトナム戦争でもアメリカ軍が参戦し直接戦火を交えて5万6千人が戦死した。核保有国のソ連とアメリカは直接戦うことは避けていたが間接的に戦っていた。これを冷戦という。

戦後の首相、吉田茂は、戦後の経済復興を最優先するために、軍事費を抑え、軽武装を維持する方針を打ち出し、アメリカの戦争に自衛隊の参戦が要請されても憲法第9条を盾に拒否し、経済成長に集中させつづけることを、今後も長く続くことを願っていた。

アメリカにとって戦後の仮想敵国はソ連だった。

ウラジオストックにいるソ連太平洋艦隊が、太平洋に進出するには日本列島に接する4つの海峡を通らなければならない。

日米安保条約は、ソ連太平洋艦隊を封じ込めるためには、沖縄や横須賀や、青森県の三沢基地など、日本列島にあるアメリカ軍基地が重要だった。

この為、対日貿易が恒常的に赤字になった1972年の日米繊維摩擦、1980の日米自動車摩擦があっても日本側の対米輸出自主規制でしのぐことができた。

しかし、1981年突如、ソ連が崩壊し、ソ連の脅威がなくなるとともに、ソ連の防波堤、日本の役割が終了したのだった。

対日貿易で恒常的な赤字をアメリカにもたらす半導体部品などの強力な日本の先端技術分野に対して、日本企業がアメリカの防衛産業に壊滅的影響を与えると見なされ、対日・封じ込め作戦を開始したのである。

日本電気製品やコンピュータに世界最先端半導体を搭載し全世界に輸出して稼いでいた日本の貿易黒字を断つため、日本の電気製品やコンピュータなどに搭載する日本製の世界最先端の半導体使用を封じ込める作戦がアメリカで立案された。

1985年1月、対ソ連でやった封じ込めを、日本に対しても行い、日本のハイテク産業を壊滅させる答申「米大統領産業競争力に関する委員会報告書「ヤングレポート」」が、レーガン大統領に提出された。

これには「将来の経済力はハイテクに依存し、その分野で、アメリカの最大の挑戦国となるであろう日本の技術を常に監視し、取り込んでおくことが必要である。

そのためには、日米安保体制を絡めることが最も有効である。同盟の強化とシーレーン防衛を約束した日本政府は拒否することが困難であるし、防衛分野で日米間の協力を定めた日米安保条約及び関連取極めの趣旨に沿っているかの判定者はアメリカ政府だけだからである」（鷲見友義著『日米関係論アメリカの対日要求と安全保障』1993年新日本出版）

（3）日本のハイテク技術が失われた40年

日本のハイテク技術を封じ込めた1986年の日米半導体協議

1982年、中曽根内閣発足と共に「大統領型行政」が始まり、その後、控えめな「官邸指導」と呼ばれるようになった。

ドナルド・レーガンを中曽根首相の別荘「日の出山荘」で歓待し両社が意気投合したことで「ロン・ヤス外交」と呼ばれる「戦後政治の総決算」との名のもと、対米関係を強固なものとした。

日本を「不沈空母」と呼び、日米同盟を強化するため「戦後政治の総決算」と言い、防衛費大幅増額を公然と語り、いつのまにか「官邸主導」の時代に向かうことになる。

それまでの岸首相をはじめ日本の軍事力の必要を説いてきたが、日本を「不沈空母」といった具体的な軍事構想を唱えＧＮＰの１％を超えるような防衛費増額を主張する首相はいなかった。（古関彰一著『対米従属の構造』２０２０年12月みすず書房）

日本の法律に制約されない日米安保条約の定めに基づき、アメリカの防衛産業に壊滅的影響を与える日本企業の先端技術を放棄させ、アメリカ製の半導体とＯＳソフトを使うよう強制する行政指導を１９８６年の日米半導体協議で日本政府に要求したのである。

これを受け入れた日本政府は閣議決定に基づく行政指導という形で日本の先端技術開発を中止させアメリカ製の半導体やＯＳソフト使用を日本企業に強制させた。

30年後のアメリカの公文書館の公開で、アメリカ製半導体を日本企業が20％使う義務を課すことを日米政府間の日本政府が約束したことが明らかになっている。政府が密約扱いしたのは日本企業の競争力の源である民間企業の先端を走る先端半導体を放棄させたことが明らかになることを恐れたからである。

その後日本政府は、閣議決定に基づく行政指導を多用することとなった。

これが、日本企業に先端技術開発意欲をなくさせ、日本から先端技術が失われ、日本の競争力が台湾、韓国、中国にも抜かれる事態を招き、日本からハイテク技術が失われた40年を招いたのだった。

だから、経済成長戦略を3次も改定されたアベノミックスで毎回取り上げても、日本経済を成長させることに、ことごとく失敗し続けたのであった。

産能大経営学部宮田矢八郎教授は「現在の日本の財政危機の根は80年代の日米経済摩擦にあった」と2015年11月13日に記している。

1990年日本経済のバブルは崩壊し、失われた30年が始まった。この間、日本の平均賃金は下降の一途をたどり、韓国にも抜かれる後進国並みになった。派遣法は中曽根政権時代に、労働市場の柔軟性を高めるために1986年7月に施行された。

2007年の派遣法改正により期間制限3年間に延長され就労者人口の多い製造業務にまで適用されるようになって派遣仲介業がより活発となった。

派遣法施行によって、今では働く人の4割は非正規で、年をとっても給料が上がらず結婚もできず一人当たりGDPでは後進国並みの貧しい経済国家に転落したのである。少子化、貧困化が加速した原因でもある。

政府は景気対策として金融緩和政策の円安誘導を際限なく誘導することで、日本の大企業は、企業努力なしで高収益決算を維持することに満足する「ゆでガエル」化がまん延した。現在、円安であっても、金融緩和政策を続けざるを得ないという日本経済の破局化に直面している。プアージャパンという本も刊行された。

2023年の東京の1人の女性が生涯に産む子どもの数は東京都では0・99と初めて1を割り込む絶望的数字となっている。

(4) 1985年大統領に提出された日本のハイテク産業を壊滅させる答申 ——「ヤングレポート」のアメリカ側の背景——

この時期、日本の先端技術の勢いを封じ込めなければ第2次太平洋戦争が勃発しかねないとのジョージ・フリードマン著『ザ・カミング・ウォー・ウィズ・ジャパン第二次太平洋戦争は不可避だ』が徳間書店刊から出版された。
また、ジェームズ・ファローズ『日本封じ込め』といったタイトルの本が出版された話題になっていた。これらの書籍には次の旨が書かれている。

〈アメリカの強さは、門戸を開き、世界の無秩序を引き入れる文化〉

自由貿易主義のアメリカに対し、日本は、資本主義の原則が働かず、市場メカニズムが機能しない特殊な国である。日本のとどまることを知らない経済は何らかの制限を加えなければ世界に害を与えるという日本特殊論という先鋭的な世論がアメリカで湧き上がってきた。

アメリカは自由貿易を標榜する国である。アメリカ人にとって資本主義とは何事も変わりゆく変化を意味する。アメリカ人は混乱状態を大目に見るだけでなく、必要としている。多くの人種と宗教でつぎはぎとなっている国の信頼の範囲は、民族的統一ではなく、全員が同じルールでプレーしている信念がコミュニテイの原則となる。

アメリカの歴史は、西に向けた新しい土地へ移住し、新しい形態の富、新しいチャンスがこれ見よがしに表れてくると、それを利用したいという人々が衝撃を受けて発展して来た国である。

平均的な人々も、古いルールや制約がない状況に置かれれば、驚くべき成果が得られる。国家による指導でなく、個人の自発的活動で成し遂げさせる無秩序の才能である。国家は一般人が適応して成功するように、妨害を退け、最高の自発的努力を引き出させている。

アメリカは門戸を開き、世界の無秩序を引き入れるアメリカ人はグループではなく個人として適応する。一般人は絶え間なく運命と、自分自身と人生における役割の見直しを変えさせるチャンスが与えられると考えている。

失敗しても完全にダメになってしまうわけではないとの文化のあるアメリカでは再び努力して成功する確率が高い。

2度目の人生のやり直しのため、農場から都会に移り、必要となるスキルを大学や資格講座の夜学などに通い新しい知識・スキルを学ぶ。アメリカ人は55歳の定年までには多種の仕事を経験している。

一の例を挙げる。メモリーのDramha開発によってインテルが創業されてコンピュータメーカに供給されていたものが、日本企業でも作り始めると共同主義と日本独特のQC活動によってインテルの製品より10倍もの品質で、かつ10分の一の価格で作れた。

日本文化は世界最先端を行く日本のハイテク技術進化はとどまることを知らない「うまずたゆまず」の文化だ。

この結果、インテルはかつて8工場で作っていたDRAMの生産を放棄して、CPUの特化した半導体生産に切り替えて会社の危機を救ったが、アメリカの文化「ゴー・ゲッター」では、これらのことが当たり前なのだ。

共同主義によるQC活動のノウハウを持たないアメリカ人には、これが理解できず、ダンピングとみなす。これも強硬策；日本のハイテク技術を放棄させるとの政治判断を招いた一因でもある。

　また、これをアメリカが対日本企業にやめさせようとしても、企業は世界貿易機関ＷＴＯに訴えることができる。しかし日本政府に、日米安保条約を盾に日本政府に日本企業のハイテク技術を放棄させる行政指導をさせれば問題とならない。

　この結果、その後の40年、日本の主要な家電ブランドの大半は台湾や韓国や中国に売られて大半の日本企業は国際競争力を失わさせることにアメリカは成功したのであった。

〈日本は資本主義の原則が働かず市場メカニズムが機能しない特殊な国〉

　市場メカニズムが機能しない特殊な国、日本が、自由貿易国で資本主義国のアメリカと真っ向から産業競争をすれば、日本は慢性的黒字となり、アメリカはますます赤字となって、最後は自由貿易国アメリカが負ける。

　日本は民主的とはいえない。重要な政治的決定は常に委員会、官僚機構、政党リーダーなど少数有力者などによって下される。

　日本の政治経済は特別な権益グループによって動かされており、彼らの利益は消費者を犠牲にして保護されている。

政治家は最大の保護を受け、米作農家、企業経営者ロビー、建設産業から大口献金を受ける。政治をごまかし、1党が万年政権に付けるよう大都市票は基本的に数えないようにする。それからすべてのコストを倍にするが、国民所得だけは据え置きにする。教育制度を改革し、質問しないように教える。

このため、日本国民の生活水準はアメリカよりはるか低く、住宅は手狭で値段は高い。ガソリン税と消費税の2重課税がなされ、物価も高い。

アメリカではチェーンストアが低価格で商品を売るのが善である。独占やカルテルは悪とされているが、日本はカルテルを好む。

大多数の日本人は最近まで必要以上の低生活を強いられていることを気付かなかった。自由貿易をダメにする日本とのパートナーシップを維持できなくさせた日本を再び封じ込める政策にアメリカは転換したのだった。

以上のことは、アメリカで出版され日本語訳がなされた2冊の書籍に書かれた内容を参考にした。

（5）２０２５年から40年間、企業や若者が需要の拡大する海外に拠点を移す
――日本発の文化が評価される時代が到来――

井深大は、自分が生きていない21世紀の戦後80年目、２０２５年からの40年間について、国のリーダー次第で国の貧富が定まると予言した。

〈２０２５年からの新しい時代を予想できる新たな動きが始まっている〉

２０２４年、政府の補助金を受け国内で開発しようとした三菱重工業のスペースジェット機がとん挫し、アメリカにビジネスの拠点を設けていたホンダジェットが小型ビジネスジェット機市場で、５年連続世界シェアＮｏ１の座を占めている。今後もさらに受注を増やして世界市場で独走状態となっている。

またソニーとホンダの合弁会社のソニー・ホンダ・モビリティ社は、アメリカに拠点を置いて２０２５年にＡＩ技術搭載のレベル３自動運転自動車「アフィーラ」をアメリカのホンダ工場で生産開始して販売するとしている。

日立製作所の鉄道車両部門は、その拠点として英国ロンドンに日立レール・ヨーロッパを設立し、ＣＥＯには英国人に委ねている。

今や欧州各国や、東南アジアにも日立レールの子会社の工場を展開し、今では世界市場での高速幹線車両や、各都市の地下鉄の無人運転車両を走らせ鉄道車両分野のＧＡＦＡＭの仲間入りする勢いになっている。

２０２４年日立レールは鉄道車両工場を世界需要地の各国に設け現地の雇用に貢献しながら、最新技術の高速鉄道車両や無人運転地下鉄車両を提供することで日立ブランドの鉄道車両は世界から尊敬される日本発ブランドとなっている。

先端技術も経済も失われた40年目の２０２４年に企業が日本にとどまっている限り、少子化が急激に進んでいる国内需要の先細りが続く中で、成長を期することが望めない時代となっている。

これからの日本企業は、井深ポリシーにある「世の中になかったもの」を海外の需要地から世界に供給することで、さらなる成長を遂げてることができる。

まさに、アップルの「世の中が必要だと思ってもいないテクノロジーを提供することで、世の中の人が想像もしなかった人々の暮らしを変えよう」というジョブスの遺訓に従い「ＧＡＦＡ」の仲間入りしようとの意気込みが、日本企業を世界企業に脱皮させる日は近いと信じる。

第Ⅱ部

井深大の箴言
２０２５年のパラダイムシフト下で生きる人たちへ

筆者は井深大の現役時代の内外の講演を通して、数々の戒めの言葉や、井深自身のノウハウを聞いたこともあり、筆者が仕えた、井深と接する仕事をしていた経験を持つ数名の副社長クラスの上司たちからも井深の人となりを聞かされてきた。

その中で、井深が伝えたいと思っていた21世紀２０２５年の大転換期に生きる人への励みとなる箴言を、筆者が本章にまとめたものである。

〈大転換期のリーダーの持つべき気構え〉

第1条 末端の現場を見ながら、イノベーションのテーマを見出せ

時代の転換期の渦中では、移りゆく外界の情勢、社会の目指す方向の変化を現場を通して絶えず凝視つづけて、その中から変化の兆しを掴もうとする熱意をいつも持ち続けていなければ、来るべき世界は見えない。

変化というのは、末端の現場では、いち早く生じているが、特に悪い兆しは中枢には意図的に伝えられないものである。

リーダーが心がけることは、研究から、開発設計、製造、販売、修理、お得意様に至る一連の企業連鎖の現場を御用聞きスタンスをとって、定期的に接することである。今流れている製品に対する不満など多岐にわたる感触の中で、3年後、5年後の将来、どのような形にイノベーションをすれば、今のユーザーの不満の解消や、我々の繁栄

につながるのか見えてくる。

こうして見つけた対象を、集中的に考え抜くと、ふとした時に、一瞬のひらめきで具体的な形が浮かんでくる。見えてきた3年後、5年後の形を、どうやって半分の1年半後、2年半後に短縮してわが社が実現するために、何をすべきかと考え、対処する。

第2条 究極の将来（北極星）に視点を置いて今を見る

一般の人は、過去の経験や、権威者が語るものの延長線上から発想する。つまり現在から将来を見通そうとするから、他社と似たり寄ったりのことしかやらないので競争には勝てない。

井深の先を読む発想は、技術のトレンドや社会の変遷など、好奇心を以て、関連分野の展示会や学会での発表や、関連企業、はては米国のNASAまで、機会をとらえては訪問し，様々な見聞の中から浮かび上がって見えてくる人類が目指すであろう、究極の将来（北極星）の姿を心に描くという。

半導体の専門家ならばプロセスの微細加工が行き着いた将来にどのような世界が実現するかが見えてくるのと同じだ。

おぼろげに見えてきたものから、それをユーザーが使う姿を想像し、どのように楽しめてユーザーに新しい世界をもたらし、感動を与えている姿まで、徹夜してでも一気呵成に描ききるのだ。

〈こうして見えてきた未来「北極星」から現在を見れば、いま何をやらねばならないことがわかる。すると将来必要となる技術をいち早く走らせなければならなくなる。これを実行するには、社員が一丸となって取り組むことが必要で、それにはトップ自身が社員に向かって、『目指す将来の姿を共有するための説得』と『何が何でも自分はやりぬく覚悟であるとのトップの強い決意の表明』の2つが、成功させるための井深のやり方である。常に先を行く姿「北極星」を追い求めて新製品を開発し続けていれば他社は追随できない。

アップル社の創設者スチーブ・ジョブスは、若き日にソニーを訪れて、当時絶頂期のソニーが次々と世間を驚かせるイノベーションを持った新製品を送り出す上記の秘訣を学んで、アップル社のトップの役割は、絶えずリスクを取ったイノベーションを持続さ

せ、世間を驚かせる新製品を次々に世に送り出すという経営方針を確立させた。〉（著者注釈）

第3条 研究開発の成否に直結するトップ自身による決意の表明

画期的なものは若い人が発想するもの、これを決断しリソースを集中するのが経営者の役割。会社が大きくなれば、未来の会社の進むべき姿は、若い人から上がってくるようになるが、トップ自身がその筋のよさを見抜いて、これを自分のものとして会社のリソースをそこに絞り込みマンパワーを配置することが大事である。

下から上がってくる話を「いいね」と感想をのべるだけで、あとは予算やマンパワーの支援もしないで「お手並み、拝見！」と決め込み決断を避けるトップのいる会社はじり貧となる。

良しとした部下からの提案をトップ自身が「何が何でも自分はこれをやりぬく覚悟である」とのトップの強い決意の表明は、一気呵成に新製品を市場展開させ競争に勝つためには必須である。

中小企業でも優れた研究開発をしているところには技術的理解が出来るワンマントップが腕を振るっている会社が多い。このことからも研究開発の成否は、研究陣の質とか、研究費の金額とか、組織の大きさといった要素は極端に言えば無関係で、経営責任者が「こういうことをするのだ！」との決断に成否がかかっていると言える。

第4条 リーダーの一番の役割とは

リーダーが、まず第一になすべきことは社員一人一人の活力を維持し育てること。根本的に忘れてはならないのは、仕事をし、会社を栄えさすのは、結局は人間だと言うことである。組織のみに振り回されるのではなく、人間と人間の触れ合い、人間が人間を考えて、仕事を進めていくことが大切である。

社員が自発的に思い切り働ける環境をつくることであり、その人が一番やりたいと思う仕事を与えること。自分がこれをやるのが会社のためだと考えたらドンドン上の人に意見を言い伸張していただきたい。しかし仕事は自分1人でやるのではなく、和の精神をもってチームワークで進めるものである。

第5条 縁の下の仕事をも評価する経営姿勢

反面、個人としての自分を捨てて、組織の中に自分を活かすということは、人間としてなかなかに難しい問題だが、やはりそれなしに大きな仕事を完成させることはできない。こうした中では、時として、自分の努力が目立たない陰の仕事として、いかにも犠牲的に感じられるかも知れないが、しかし、長い人生の視点からみれば、その努力が自分自身の地歩を築く上で必ずプラスになっているのは、私の経験からもそう言える。

私たち一人ひとりが、会社という一つの組織の中で、その一員として活動する以上、お互いが協力し力を結集してこそ、会社が意図する目的をはじめて達成することができる。

会社での生活においては、個人としての自分よりも会社全体の中で、果して自分がどのような役割を担うべきなのかを、あらためて考えてみる必要がある。

大事なのは人である。人と人とのつながり、絆についてもっと考えられ、働くことに喜びを感じられるような環境をリーダーがつくれば社員の力が結集される。

第6条 本業に徹し、人のやらないことを苦労してやり抜くことを守るべき

私が創業したソニーは、新しいデマンド（需要）をこしらえるような初めてのものばかり苦労してやり続けたら、10数年で世界的企業になった。企業の果たす役割の真髄は、リスクを取りながら老朽化した市場に新しい市場をクリエートするところにある。

ダイバーシファイ（様々にする）は大反対。いつの世になっても通用するのは、何をやるのかというしっかりした思想を持った上で、人のやらないことを苦労してやり抜き、本業に徹し続けることが重要だ。

新しく発明されたものや、眠っている発明を使って、人々のライフスタイルを革新

するような新製品や新サービスを世界に先駆けて見出して、供給インフラを構築して、世界の人々に提供するという〈1・10・100の法則〉は、無限の富を企業にもたらす可能性を秘めている。マーケットもハードもソフトも、どんどん変わるのが現実の世界。人のやらないことをやり抜き、デマンドをこしらえる。この苦労をいとわずやっておくことが必ず後になってものをいう。

第7条 リーダーたる者は気に入らない人を遠ざけるな

人を率いる立場になったなら、自分と考えが違うからと言って、気に入らない人を遠ざけてはいけない。身の回りに好きな人ばかり集めていたら、自分の守備範囲を広げられない。苦手な人を味方にすれば、その人の得意な分野も自分の活動範囲に取り込めるし、自分の足りない部分を補える絶好の機会となるのだ。

第8条

組織に縛られることなく人を中心に仕事を進める

大きな組織になればなるほど、人事部という組織が絶対権力を持って社員を配置し移動させ、人間を無理に仕事の中にはめ込む。組織の力によって命令で無理やり動かざるを得ない官僚主義や形式主義の企業がたくさんある。

競争社会の中で会社は常に敵前で戦争展開をしている。企業内の秩序ばかり気にしていては企業戦争に勝ち抜けない。組織はあるが、それにこだわり動脈硬化になるようなことはしないと言うことである。変化していく世の中にあってモノを市場に送り出すことを優先して、一人ひとりが十分な力を出しうるよう協力、努力ができるような柔軟性のある組織で構成される会社とすることが一番大切なことだ。

戦時中は、日本の科学技術体制における官僚主義や形式主義がはびこって貧弱な成果しかあげられなかったこと。何がこれ等の真剣なる気持ちを鈍らすものであるかということをいやというほど痛感した。

だから自分が創った会社では「技術者の真剣なる気持ちを100％活かす」ことを以って出発点とし官僚主義や形式主義をトップ自らが否定するところに経営の基礎を置いたのである。会社が大きな組織になればなるほど、幹部や社員皆がこのことについての配慮を心がけるよう強くお願いする。会社を良くするために、任期中に何を残していけるかを常に考えていただきたい。

第9条 使命感の自覚の上に立った生き方

吉田松陰と井深大。黒船によるアジの植民地化の国難に直面し、新しい時代を創らねばとの思いをもつに至った松陰。第二次大戦で日本の科学技術の劣勢にいかんともなしがたい思いをさせられ戦後日本再建を決意した井深。この二人には共通の志がある。

松陰の教えは、肉体は『私』、心は『公』。肉体はそれ自身の欲求を持っている。怠惰も卑怯も強いてくる。しかし、心は『公』である。どんな場合にも人間は自分の良心を偽ることはできない。『公』と『私』、どのような人間の中にもこの2つは併存している。

リーダーの役割は、この『公』の面を人々に示し勇気付けてやること。これを井深は「説得工学」と名付けている。

明治の人々が世界の人々から品格で一目置かれたのは国の為に尽くす使命感、『公』の心が外国の人々に感銘を与えたからだ。

〈ソニーブランドが世界の人々に認知されたのも、最高の技術をコンシューマー商品に盛り込んで供してきた『公』の実績で尊敬を勝ち取っている。使命感の自覚の上に立った生き方をすれば、人の品格や品性は輝き出すのだということと同時に、ブランドも輝き出すのだということを井深は身をもって教えてくれた。〉(著者注釈)

第10条 いいものを作れば自動的に売れると言うのはありえない

新しい製品を売るためには消費者に対する徹底的な教育が必要だ。商品についての啓蒙宣伝、教育を徹底すれば未知の市場が開拓できる。

いいモノを作れば自動的に売れるというのはありえない。マーケットを構築するということが非常に大切であり、営業というものは無視できない。

未知の商品にはまずどういう商品であるかを知らせること、この商品を使ったら生活の上でどういう利便があるか、どんな楽しみが増えるかを先行して知らしめる。その意味で広告は教育（或は説得）である。自ら計画し、自らマーケットを造り、自らの販売計画で売るべきである。

第11条 新技術は売れる値段で出せなければ社会とつながらない

よい発明、よい技術によって新しい製品が出来たとしても、高すぎて売れなければ、我々の発展に何の役にもたたない。まず値ごろ感を知ることが大事。動く値段、売れる値段で売ることで初めて技術が社会と繋がり、工場や市場からのフィードバックによる改善活動がなされ、さらに儲けを出すには何をすればいいのかも見えてくる。そして広く世に新製品を広めることが出来る。

業務用とか、官需用とか、軍需用とはちがって、民需用の機器開発は、ある意味で、想定するユーザーの平均月収以下の値段となるようにコストダウンが開発に求められる。

第12条 大勢に流されずはっきりした意図をもって動く企業たれ

成長がとまり変化の激しい大変な時期こそ、当たり前に当たり前のことをするだけではどうにもならない時代、企業は抜きん出た製品をどうしてもこしらえあげていかなければならない。会社全体として、はっきりとした意図を持って「こういうためにこういうことをやるのだ」、「こういうマーケットが出来ると思うからこれにふさわしい製品をつくるのだ」とのベクトルが示されることで、各部署が勝手に動くのではなく、一つの思想をもって動いていく。これらが行われ続ける限り、企業はどんな困難の中にも泳ぎ抜いていくことが出来る。

外界の状況によって変わるベクトルに対しては会社全体の方向性が刻々と変化する中で、社員の皆さんがどういう役割を演ずるかを自ら考え、フレキシビリティを持って対処できるようにしないといけない。事業部という殻の中にはまって柔軟性を失うことは会社にとって恐ろしいことだ。

第13条 量から質への転換

人間が毎日を惰性で生きていくのであるならば人間としての価値はない。同じことの繰り返しならば機械やコンピュータの方がはるかにましだ。人間である以上は、次々に身の回りに起こってくる問題に対し、常に新しい解決法を考え、実行していって欲しいものだ。

私たちが今考えなければならないことは、経済成長を遂げた日本がこれからは成長が止まっても豊かで良い国であり続けるには質的な転換が必要ということだ。同様に会社においても、創立当時の気構えを思い出してもう1つの新しい業態へ転進していくものを期待しなければならない。この新しい道は会社から方針を出すと言うのではなく、皆さん社員一人ひとりが明確な考えを持ってこれに対処していただきたい。

売上高や設備等の資産や機種数など数字的に拡大することに溺れてしまっている様な気がしてなりません。経済のあり方、企業のあり方において数字は二の次にして質を第一にしなければならないときになった。

ある場合には、会社の方針に逆らっても自分が良いと思うものを主張すべきときもあろうかと思われる。それが本当に良いものであれば、自身の努力と力で上の人に認めさせるべきである。「上の人はちっともわかってくれない」というクレームをよく耳にするが、上の人を説得し、従わせるのも、その人のやらなければいけない務めであり、そういう力を持っていただきたい。

新しく生まれ変わるには「量より質を重視し、問題を一人ひとりのものとして真剣に考え実行する以外に生きる道はない」と言うことに尽きると思う。

特にこれからの質の考え方は、単に品質であるとかではなしに企業自体が対人間社会に対しどういうような影響を与えるだろうかと考えていくことが肝要だ。

井深が言わんとしていたことは、21世紀において富を生み出すのは、もはや量（有形固定資産投資）によるものの時代は終わり、質（ソフトウエアなどの無形固定資産投資）による時代に転換していることを井深は予見していた。（著者注釈）

第14条 いかなる変化にも対処しうる実力をつける努力を

世界は常に変化し、テクノロジーも変化し、人々の嗜好もニーズも望みも変化する。私たちは常にいかなる状況の変化にも即座に対応し得るだけの力を身につけ、それに応じられる万全の備えを自身の中に蓄えておかなければならない。

私たちには常に新しいものに向かって挑戦すると言う心構えがより必要であり、そのためにも絶えず新しいものに対する勉強を怠ることは許されない。

新しいもの、世の中にないものを目指している限り、競争相手を恐れることはないし、むしろ好ましい存在となるのです。「次へ」「先へ」といつも考えることのできる人を育てることが大切なのだ。

常に最新の技術に取り組んで行くところにこそ会社の真価がある。変化と対峙し如何に問題を乗り越えていくかで人間としての本当の力量が見出される。変化の中に自分を生かす努力を願ってやみません。

第15条 日本は難しいモノの生みの苦しみを通してでなければ生き残れない

ソニーがトランジスタラジオを発売して5年後の1960年、香港のトランジスタラジオ工場を井深が視察した。香港ではかって我々が独占だと思ってやってきたトランジスタラジオを日本より安いコストでどんどん造り月産20万台以上欧米へ輸出し価格競争を仕掛けている。

シンプルな製品の大量生産は日本よりはるかに香港の方が適している。開発したものはすぐに真似られて、香港から安価なものが出て来ることは甘受せざるを得ない。難しいものは我々が引き受け、やさしいものは他に任せると言う覚悟で進む。日本は難しいものの生みの苦しみを通してでなければ伸びる道はない。

井深は香港から帰国するや、技術陣に世界初のトランジスタ・テレビ（当時は白黒テレビのみの時代）へのチャレンジを指示。この生みの苦しみの中から、それまでのゲルマニュウトランジスタではなく、民生機器での応用では世界初のシリコントランジスタを使ったテレビを世界に供給し始めた。（著者注釈）

第16条 技術開発は一連のチェーン全体の協力なしには成果は望めない

基礎研究、研究開発など企業内の各職種が、各々単独に稼働している限り、その力は非常に少ない。基礎研究から始まり、開発、設計、製造、マーケッティング、サービス、顧客まで含めた一連のチェーンと言うものを考える必要がある。

例えばアメリカで、トランジスタやイメージセンサやレーザーなどが発明されたとの情報について、それが研究の段階にせよ顧客から出たものにせよ、重要と考えられるものが発生したならば、その情報についてチェーン全体が力を合わせて研究し、開発し、育て、成果がだせるものにするよう協力すべきである。

各専門分野は毎日進歩し、より深く、狭く進んでいくものである。その専門分野が統合されてこそ始めて大きな力が発揮できる。組織全体の力を合わせ、集中できる課題を選び出すことこそ会社の力を高めることになる。

第17条 日本企業の歩むべき道

その第一の道は、人真似をしないことだ。

その第二の道は、製品を出すときには世の人々の心に響く様な方法で出すこと。心のこもったもの、その優れた機能を、カスタマーに提供するのが基本。デザイナーの考え方と、製品やサービスがカスタマーに届くまでのチェーン全体の動き、これらが非常に重要なである。カスタマーとのギャップがあるべきではない。

その第三の道は、マネが出来ると思われるレベルに新製品の企画が設定されると、新興国にすぐに追いつかれて製品寿命は短命となる。だから「今のところは出来るはずがない」ところに目標を置きその実現に情熱を持つしかない。

そして第四の道が、日本だけで良いものを作り「ドルをため込む」だけでは日本の役割を果たせない。新製品や新サービスを提供することで諸外国の経済力や民度を高めることで新需要を喚起できれば、その国の経済発展に協力できる。こうした大局的な考えが今こそ必要なのだ。

第18条 常識をくつがえすことから始まるモノづくり

対立があればあるほど良いものが生まれる。優れた製品の後ろにはいつも優れた反対者がいる。反対されるモノこそ売れる。常識と非常識がぶつかるところにイノベーションは生まれる。

私はいつも非常識を大切にしてきた。モノ創りは常識を覆すところからはじまる。常識を飛び越える考えを持った人が必要なのだ。

新しい部品や素子が出来たときにこれを使って何とか新製品を出そうとやり方を考えるが、じつはこのやり方の逆の考えでやらなければいけない。顧客である生活者の視点で何があれば喜ばれるかのマーケットから、フィードバックされた情報を元に新製品を出す。その新製品を出すためにどういう部品や素子のテクニックをアプライしていけばいいかということをやっていただきたい。

撮像素子のＣＣＤがまだ発明されていなかった１９６４（昭和39）年2月、木原君の結婚式のときに私は次のようなスピーチをした古い録音記録が残っていた。

「木原君は会社にとって金の卵です。今やってくれている仕事はＶＴＲの開発です。すでに60台ほどアメリカへ輸出して活躍しています。今日この会場では皆様が8ミリフイルム撮影をしておられますが、我々の夢は、撮影したらフイルム現像なしですぐに撮った動画が見ることができる、どの家庭でも買える安価なカメラ内蔵ＶＴＲ、これを木原君に開発してもらいたい。この夢は出来るだけ早く果たしてもらいたい」

後に木原君がスピーチの録音を聴いて確かめたら、カメラ一体型8ミリVTRを開発しろと命令されているのがわかり、CCDがまだ発明されていないときに、カメラ一体型8ミリVTRの夢を語っていた井深の先見性に驚いたという。

CCD撮像素子の原理は木原の結婚式の5年後、1969年にベル研究所で発明されたが量産が難しく長らく棚上げされていた。

結婚式の16年後の1980年7月、木原率いる開発部が世界初の12万画素のCCDを搭載したビデオムービーの試作機を公開デモし、世界に「ソニーはスゴイ」という大きなインパクトを与えることとなり、その後の市場では、世界初の「家庭用CCDカメラ一体型ビデオ」によってソニーの独走につながった。

ソニーの小型ビデオカメラも夢が先で、後から技術が追い付いていくやり方で生まれた。人のやることを真似ることなく、どんな困難に直面しようとも茨の道を切り拓いて、人のやらない仕事でソニーの発展の基礎を築き、ソニーのブランドを正々堂々と世界の隅々まで売り込んだ井深たちの気迫がそれを生み出した。（著者注釈）

第19条 命令ではなく目標を明示しチャレンジをうながすマネジメント

自立していない設計者や活性化されていないグループは「上司の指示」を命令として、それ以上考えようとしない。自立した設計者や活性化しているグループでは、適切な目標を与えれば活動意欲を駆り立てて果敢に行動する。経営者はエンジニアたちに目標は与えるけれども、そのやり方は全て任す、それが経営陣の最も大切な仕事である。ただ多額の研究費を与えるばかりで、「何か発明したまえ」と言っても成果は望めないのだ。

第20条 失敗は成功の母

トリニトロンが完成したとき、当時社長だった井深が『ああ、やっぱりビジコンをやっていてよかったな……』としみじみとつぶやくのを土井取締役が偶然聞いた話がある。

ビジコンというのは、テレビカメラの心臓部である（ガラスチューブの）撮像管のことだ。その当時手探り状態で始めたのが、何年たっても、まともな（ガラスチューブの）撮像管は作れなかった。

「あれは、ビジコンではなくて、デテコン（出てこん）だ！」と、大っぴらに悪口を叩かれていた。よりによって、その大失敗をしたプロジェクトを、井深はしみじみと評価したのだ。その（ガラスチューブの）プロジェクトで人が育ち、技術やノウハウが蓄積され、それが（ガラスチューブ）のトリニトロンの成功につながった。そのことに気付いてから、社内のプロジェクトを見る私の目は変わった。（『運命の法則』天外伺朗著　2004年飛鳥新社）

後日談としてとして、デテコンといわれたガラスチューブのビジコン撮像管の開発をしていた大越明男は、その後、トリニトロンブラウン管の開発責任者としてソニーのカラーテレビ大成功に貢献した。（著者注釈）

第21条 筋が良いか悪いか見分ける感性を磨くことは経営トップに課せられた宿命

こんなモノがあったらいいなと夢を抱くことは誰にでも出来る。トップはその夢が本当に実現するかどうかを直感的に分る人であるべき。市場性のないものはアイデアがいくら良くても止めねばならない。

ラジオの次に我々の持てる技術を活かしてできるものは何かという発想ではダメ。どんなものを創れば消費者に喜ばれ需要を喚起することができるかが重要なのだ。未熟なＰ・ｊのタネは全てがすばらしい未来を持っているように見える。

時代と人間の欲求の変化にも対応できる洞察力を持っていれば、技術変化から導かれる判断の筋の善し悪しが見分けられるのだ。新製品は人間が使って役に立たなければいけない。売れる技術、使う生活者の視点も併せ持って技術を見る。

研究テーマに対しの早い段階で上司が決めて潰しにかかるのが一番愚かなことだ。無線タグの研究がフェリカ（ＪＲのＩＣカード）に化け、いつまでたっても「出てコン」と揶揄されたビジコン撮像管の布石がトリニトロン管の成功に寄与したのだ。

未熟なトップは、えてして理解できないような「可能性の限界を追求する戦略」を全て否定する。その結果、挑戦的な計画は平凡な計画に変えられてしまう。

第22条 その場その場で最善と思うことをやり変化し対応していくこと

アメリカで検証済みの新しいやり方だからと言うだけでは飛びつかない。まず自分の頭で考え、自分が試し、そして「良い」と決まればどんな型破りな方法でも採用して既成の方法には眼を向けない。その場その場で最善と思うことに、どんどん対応していくことだ。いいモノは活かし、時代に乗れなくなったものはいさぎよく捨てていく。人がやるだろうということをやっていては勝ち目はない。その先、何を世の中の人が必要としているかを自分の頭で考えて、それに乗っかっていくのがいい。

第23条 客の手にわたり、その寿命が終わるまで最良の効果を維持するものを提供せよ

物と心、あるいは人間と心は表裏一体であるというのが自然の姿だ。それを考慮しておくことが近代科学のパラダイムを破る一番大きなキーだと考える。

人間の心を満足させるということを考えていかないと21世紀には通用しなくなる。人類の生活や文化は科学技術によって支えられているのであり、人間の生活に役立つものこそ、本当の科学技術なのだ。

商売をやるにも、技術の争いをするのも、血みどろになって戦いますが、そのときはには常に魂というものを、愛情というものを、忘れてはならない。客の手にわたり、その寿命が終わるまでの時間、最良の効果を維持するものでなければなりません。決して売り切りすれば良しと考えてはいけません。私が訴え続けていたこのことを、今の人は心にとどめてほしい。

第24条 21世紀は製品やサービスに込めた気配りの時代

ＩＴ技術が支配するであろう21世紀に、日本が引き続き世界の人々に貢献し続けるためには、合理主義や物質中心の欧米に対して、日本古来の気配りという（茶道にも通ずる）日本の心を製品やサービスに一体化したパラダイムシフトを日本が成し遂げることが21世紀の日本の繁栄と国際協調の要となる。

江戸時代から、日本の商品やサービスにはこれを利用する人間との相対的関係を重視して、これを補うような気配りというものが必ず行われてきた。このことをデカルトの科学論を信じきっている外国人にいくら私が説明しても分かってもらえなかった。

気配りというのは、ハードに対するある種のソフトウエアである。製品に占めるハードとソフトウエアの付加価値比率は、近年ソフトウエアの方が高価なものとなってからは、この傾向はますます拡大している。

その意味から、合理主義や物質中心の欧米に対して、製品やサービス精神に気配りを込めるという日本特有のパラダイムシフトを世界にもたらすことが21世紀の日本の繁栄と国際協調の要となる。

第25条　自発的に興味を示すように仕向けなければ教育は身に付かない

井深の盟友であるホンダ創業者本田宗一郎は、浜松の高等小学校を卒業した12歳ごろ、資産家でもあった親は更に進学をさせようと思っていた。しかし根っから学業が大嫌いであった宗一郎は、自分の意思で東京の自動車修理会社に働きたいとの手紙を書いた。すぐに親の付き添いがあれば入れてやるとの返事をもらった。そこで父親に付き添ってもらい東京のアート商会に丁稚奉公をした。

しかし、工場兼住宅で半年間、雇い主の幼児の子守ばかりやらされながら兄弟子たちが作業している様子をみているばかりで、自動車には指一本触れさせてくれない日々が続いた。

毎日がいやでたまらず、夜逃げをしようと2階の屋根から電柱を下りて通りに立った時、父親の怒る顔と母親の泣く顔が目に浮かんで、電柱を上って部屋に引き返したことがあったという。

その後も半年ばかり子守ばかりやらされていたが、東京にも大雪が降って自動車のアンダーカバーの外れる故障が多発、修理で人手が足りなくなったときがあった。

親方は本田の子守を免除して自動車の修理に参加させた。この時の感激は一生忘れることが出来なかったと井深に語ったことがあったという。

江戸時代の職人も、はじめの丁稚時代は掃除や洗濯などの下働きばかりやらさせられた。一向に仕事を教えられないで先輩たちの働く姿を垣間見るだけで放置させられる。

じつはこの期間は本人に根性があるかどうか見ている期間で、根性のないものをふるいにかけ落とす期間でもあったという。

ただ頭に詰め込むのではなくて、本人がせっぱつまってやりたいと思うようになった状況のもと初めてやり方を身に付けさせる、という状態で行わなければ身に付くことはできない。

これが効果的な教育の本質であり、入学試験や就職試験に受かるためだけに学ぶというのは間違っているというのが本田と井深の考え方なのだ。

今の日本で行われている大学教育は、教えるだけは教えるが、それがどのように適用されるかを直接見聞する場所が提供されない、この欠陥があるため、若者は学ぶことに情熱がわかない。

〈大転換期に働く人が持つべき心構え〉

第26条 自分の持ち味を生かしてこそ成長できる

井深は理想の人間像などと言って人を型にはめたくないという。

人間は誰でも、その人間にしかない持ち味がある。その持ち味をよく生かしてこそ成長できる。自分には何ができるのかという自分の特長、個性をはっきり認識することが大切なのだ。

仕事と趣味が一致し、仕事と好きになると働くことが苦になりません。これが幸福につながる人生でいちばん大切なことなのだ。

世間が認める自分の持ち味を持てば、会社がつぶれても自分はつぶれないで生き抜けるとの気概を持って働ける。

第27条 仕事は自らが勝ち取っていくもの

仕事は与えられるものではなく自分から勝ち取っていくもの。勝ち取っていかないと生きていけないのが企業である。上の人間に言われたことだけやればいいというのは伸びる人のやり方ではない。また自分の都合の良いことだけ自己主張するのとも違う。必要なのは参画意識である。

人はそれぞれ自分を守り、家庭を守り、社会を守っていかねばならないが、そのための行動は対立より参画がよい。アウトサイダー的に仕事をするのと、参画の中で仕事をするのでは気概、できばえ、創造性が異なってくる。どうか自分を大切に生かしながら会社に活力を与える原動力になって欲しい。

第28条 〈大企業〉という美酒にあぐらをかくな！

会社というものは、社屋こそ立派でもその実は大変不安定なもの。世の中の変化の速度と現状に、社内の皆が気をつかうカルチャーになっていないと攻めの姿勢は取れない。

この不安さを、我々は開発精神・開拓精神で支え、冷たい風の吹きすさぶ中で他社よりも一歩でも二歩でも早く前進し、そして思い切った投資をしてきた。日々食うか食われるか、生きるか死ぬかの競争の場に直面しているのだということを知ってほしい。

常日頃、仕事をやる以上は汗と血がみなぎる仕事をやりとげ、その結晶ともいえる製品を世に送り出すことです。常にダイナミックに動いている人達の手で支えられているのが発展できる企業だ。一人ひとりが、職場にあって企業の歴史に何を残せるか、自分で探し出して働けることが、会社の一番面白い、働き甲斐のあるところなのだ。

また、そのことを十分認めることが企業トップの義務であらねばならない。

第29条 能力主義の本質

会社ができることは、そこで働く人たちに道しるべを与え、能力発揮を阻む障碍物があれば取り除き、能力に応じて適材を適所に配置して、成果を正しく公平に評価することだ。頭の良さではなくチャレンジして成長したい意欲のある人に開発を任せることだ。

能力発揮は一人ひとりが自らを啓発し、成長したいと言う強い意欲のあることが必要だ。自発的な意欲に支えられて始めて能力が現実に生きる。大切なのはその人自身の心のエンジンがどうなっているかです。

平常から自分の能力を磨き、現実に生かせるチャンスを積極的につかんでいけるように努力してほしい。

人間の能力は、その人間の意欲しだいでいくらでも伸ばすことが出来る。特に若い人には無限の可能性がある。何とかしてその持てる力をフルに引き出したいと言うのが私の痛切な願いだ。

第30条

古《いにしえ》の人たちが築き上げてきた豊かで便利な文化を1歩でも2歩でも進歩させて後世につなぐことこそが人間として至高の生き方である

人間誰もが、この世に生を受け亡くなっていく存在ならば、世のため、何を学び、何を残していくかが問われる。

人間である以上、年老いて、身体が不自由になっても、身の回りに起きる諸問題に対して、望ましい解決法を見付け、実行して、解決を目指すことを、生ある限り続けるのが人間としての生き方。

「望む所を確信して、未だ見ぬ物を真実とする」との意味は 人類社会、所属団体、コミュニテイ、家族、自分自身が直面する課題に優先順位を付けて、解決後のあるべき姿を描き出して、出来る出来ないは関係なく、実現するために1歩でも2歩でも実践するということ。

まだ見ぬ物を実現するために動き出すことで、多くの知識が蓄えられ、肉体はやがて、死を迎えるが、体に蓄えられた知識は、死後に人類という種に受継がれ、やがては真実となることを信じて、死を当然のごとく受け入れる生き方である。

これが井深大の生き方であり、彼が信ずる人間の真の生き方である。

第II部

ソニー・変革リーダーの格言

井深は行くべき方向を示しO氏は現場でその方法を示した

筆者が1973年ソニーに入社して配属されたのは世界的に大ヒットしたウオークマン発売の6年前1979年4月にO氏が指揮する小型テープレコーダー事業の部隊だった。O氏の信念は「遊び心無き集団からは、ヒット作は生まれない」であった。

あこがれた井深大の考え方やセンスに「感化」されたO氏

O氏は日本大学で機械工学を専攻し、国産初のペンタプリズム式一眼レフカメラを開発した老舗ベンチャー企業ミランダカメラの設計に5年半携わった。わからないことがあると、技術面でこの会社を指導していた東京大学の教授に機械設計や部品加工技術の基礎を教わっていた。1961年ソニーが中途採用者の公募しているのを知り、教授に相談すると「ソニーは独創的な仕事を思う存分やらせてくれる会社だ」と聞いて応募し採用された。

当時の小型軽量化を標榜するソニーにとって、カメラや時計などの精密機器の設計経験者は喉から手が出るように欲しがっていた。

当時のソニーのトップが偉かったのは、賛成の声はちっとも聞かないで「私はそう思わない」と主張する人の意見を傾聴して参考にしていたことだったという。

精密機器のカメラ設計経験者のO氏に興味を持った井深は、暇になるとすぐ電話をかけて部屋に呼んだ。「次は何をやろうか」との相談相手にされたという。その後に決まった方向へガーッと突き進む決断がなされたという。

O氏は、心からあこがれていた井深氏のものの考え方やセンスに「感化」され、大変恵まれた環境下で自分は生かされたという。

1-1 テープレコーダ事業の責任者に着任してからの活躍

当時ソニーは、付加価値の高い急成長しているビデオやカラーテレビ全盛期で、いくらつぎ込んでも足りない技術者を充足させるため、本社戦略部門は旧来のラジオやテープレコーダ部隊を解散させて、不足する電気系や機械系のエンジニアを充足させるようトップに提案していた。

これに危機感を抱いたO氏は、旧来のビジネスのラジオやテープレコーダのゼネラルオーディオ（略称ＧＡ）事業部隊を解散させられることなく生き残るためには、付加価値の高いテレビやビデオを上回る業績を上げるしかないという覚悟を仲間と共有した。

そこでO氏は組織内に小単位のビジネスユニットを多数編成し、若手エンジニアをリーダーとして開発、設計、生産、販売を一気通貫でマネージさせる変革を実行した。

エンジニアの若手リーダーを模擬社長とするミニ経営会議を運営させ、ここで出てくる月次の損益計算書や機種別原価報告を読みこなし、どこに問題があるかの経営分析まで出来るように訓練した。

この結果付加価値が少ないと思われていたラジオやテレコで10％以上の経常利益率をコンスタントに稼ぎ出すようになり、本社から一目を置かれる収益力を誇る事業となった。

「高収益を上げ続けること＝自分達の組織を守る」ための具体的な行動指針として、「遊び心なき集団からはヒット作は生まれない」とのO氏の信念に基づくGA10か条といった多くの格言集が作られ、全員に共有されたのであった。

O氏はその経験から、管理とか企画といった間接部門が主導権を取ると組織が肥大化して、いつの間にか他社と同じような組織運営だけに重点を置き、強力な新製品が出なくなることを知っていた。こうしたことを組織知として格言として伝えているのが〝GAカルチャー〟である。

1-2 創業者井深は行くべき方向を示しO氏は現場でその方法を示した

(1) 経営とは意思の実現である

ソニーにとって、設立趣意書は組織の土台になっている基本的な指針であり、「われわれが何者で、なんのために存在し、何をやっているのかを示すソニー最上位のバイブルでもある」。例えば次のような条文である。

①技術者たちが技術することに喜びを感じ、その社会的使命を自覚して思いきり働ける職場をこしらえる

②非常に進歩したる技術の国民生活内への即時応用。無線通信機類の日常生活への浸透並び家庭電化の促進。

③技術上の困難はこれをむしろ歓迎し、量の多少に関せず最も社会的に利用度の高い高級技

術製品を対象とする。

④一切の秩序を実力本位、人格主義の上に置き個人の技能を最大限度に発揮せしむ

これをかみ砕いたのが、ソニー全社に共有されているソニースピリッツである。

①他社より一歩先んじている。（フロンティア精神）
②よそでやらない事をやる。（モルモット精神）
③コンシューマープロダクツに最高の技術を入れる。（Research make the Difference）
④世界を相手にする。（World Famous Sony）

O氏は井深の思想を伝える、設立趣意書や、ソニースピリッツなどを、だれもが直観的にわかる格言にして、遊び心を持って実行させることを思いついた。これが以下の、古くからいる芝浦工場のソニーの社員ならだれもが知っているGA10か条など多くの格言集である。

O氏の信条は、「自分たちが製品を通して社会的役割を果たしている証が、利益となって返ってくる」である。だから利益を出していない部署は社会から認められない国賊であるから「ごめんなさいバッチ」を、利益回復まで自発的に作業服の肩や胸に付けていた。こうした遊び心を持ったルールが、部署で定着していた。

この利益を出す具体的な方法を、誰もが直観的に理解できる「GA10か条」に代表される数々

の「格言」を残したO氏はソニーの変革者でもあった。

（GA10ヶ条）

①何でも半分にできると信じろ。
②SIZE等は中身に関係なく決めろ。
③目標は単純明確にしろ。
④検討しないでOKの約束をしろ。
⑤困難は可能であり、不可能は割り切れ。
⑥説明する前に物をデッチ上げろ。
⑦ブレストは目標達成するまで帰るな。
⑧新しいアイデア、おもしろいアイデアは上司に内緒で作れ。
⑨頼み事は忙しい奴に頼め。
⑩「ダメモト精神」的余裕。⇓ 本業を疎かにするな。（後に入替え）

（2）常に究極のイメージを意識して走る（プロ根性）

今のレベルで出来ることはこれ、次にやらなければならないことはこれ、最後にはこうなるといった見通しに立って今の仕事を行っている。

現時点で可能な最善のデバイスを取り入れて商品企画を行なう。2の矢、3の矢のタイミングではどんなものを市場に送り出せるかがわかっている。

ソニーのプロ根性が技術、生産、管理、あらゆる面で先行すれば、利益は後からついてくる。

(3) 当たり前のことをやり切ることがマネジメントの Know How

株をもうける秘訣は、「安い時に買って、高い時に売ること」これで片付けられれば、経営者はいらない。

当たり前のことが出来るか出来ないかが、マネジメントの違い。

部品点数を半分にすれば安くなるということは、バカでもわかっている。

半減を達成するやり方を見いだすのがマネジメントなのだ。


担当者の役割は、決められたことをする自己能力を高めることに専念する。マネージャーは必ず起こる変化にリスクを予見して予め手を打つという当たり前のことをする役割を果たす。

すべてのものは、常に変化し発展する。セット設計をやる人も部品技術をやる人も今のレベルで出来ることはこれ、次にやらなければならないことはこれとこれ、最後にはこうなるといった見通しに立って今の仕事を行なっている。

他社に一時的に抜かれても、次の姿が走っているから混乱しない。常に競争の原理の中で戦っているからこそ強い。開発テーマも含めて、目標は常に技術的に高いところを狙い、単純明快であり全員が理解している。

（4）周辺の付加価値の低いものを重視し、コストダウンをやらせる

ウオークマンを出す前にヘッドホンやラジオの付加価値の低いものを徹底的にコストダウンをやらせ、システム商品としてのウオークマンの成功の背景を作り出した。

（5）俺が、俺がと絶対に言わない

相手をモチベーションさせる事に徹して、結果的にGAの収益につなげさす、マイ・ファースト主義を徹底。

（6）商品企画会議では、商品企画は決まらない

会議の翌日販売出来れば売れるが、設計スケジュールはそうはいかない。先を読む熟慮が必須。

（7）「できる奴にやらせる」

年齢とは関係なく製品を熟知している人がイニシャチブをとって、顧客から自社、更には部品メーカーにいたる価値連鎖上のバリューを最大化する指揮をできる人がリーダーとなるべき。リーダーが技術陣をうまく使いこなすといった単純なものでなくリーダーそのものに本当の技術者精神が浸透していて困難に挑戦する。

未熟な人がリーダーになると自分が理解できない可能性を追求する案件をすべて棚上げにし

て、理解できる平凡な計画しかやらない経営になってしまう。プロジェクトでも会社の経営でも、その成否は誰をリーダーに選ぶかで決まる。

(8)「困難は可能、不可能は割り切れ」

やる、やらない、を決めるときに部下に問題点を分析させれば問題点がたくさん見つかり結局はやめる事になる。

井深はベル研究所で発明されたトランジスタをラジオに使う為に特許使用権を買うときに、発明を熟知しているベル研から、低周波の補聴器が精一杯で、高周波のラジオを増幅するのは難しいぞといわれたという。

これを逆手に取れば、チャンスとなる。発明した会社が困難だといっているトランジスタをソニーが世界に先駆けてラジオに使えば、新技術の先端に立てるチャンスだと井深は見なしたのだった。

果敢にチャレンジして困難を克服し成功したから、ソニーが半導体技術によって軽薄短小でかつ、省電力の電子機器を次々に世界に送り出し、世界の人々に感動を与え、そのブランドイメージを不動のものにしたのだ。

だから、やるかやらないかは、やり遂げた暁にNo1になれるチャンスがあれば困難であっても果敢にチャレンジするというソニーのカルチャーだ。

撮像素子を搭載した世界初のカメラ一体型ビデオも同じ考えで苦節10年、借金を21世紀に返しなさいといわれるほどのCCD実用化の困難を乗り越えたから、今でもこのイメージセンサー分野で世界Ｎｏ1の地位を占めているのだ。

(9)「一位以外は負け、設計主導の商品づくり」

組織は開発から量産開始まで一気通貫で体験できる小さな単位で動かす。そして設計者自身がほしいもの、出来たらいいなと思う事をやる。

市場を細分化してＮｏ1になれるところを狙い成功したら、これを橋頭保にして次々に横展開をしてＮｏ1を増やしていき最後に天下を取る。

権力を握りたがる性質がある企画や管理といった間接部門は少数に絞ってサポートに徹し、あくまでも設計主導の経営カルチャーを守る。

直間比の悪化は設計指導の商品作りを阻害し、組織の官僚化を招き、ビットモデルが出なくなる。

(10) この他、次のようなものがあった。

「目標は単純・明快・高い目標」
「具体的にモックアップで目標を示す」
「冗談のような発想を捨てない」

「みなの意見が一致したものは売れない」

「他社に無いもの＋ユーザーニーズとのマッチ＝ヒットモデル」

「０・２ミリの差がセールストークとなる」

「奇人変人を使いこなす」

「乾いたタオルからも水は出る」

「利益未達＝国賊バッチ」

「全員が目標に向かう土壌、一体感のある集団」

「トラブッたセットほど良く売れる」

「新人に大きな仕事をやらせる（本人にやる気があれば出来る）」

「好き嫌いで人を使うのはマネージャーじゃない、マネージャーは部下の防波堤」

「誰が見てもわかる不公平をやらない評価」

「まず人がいて次に組織」

といったものがあった。


こういうゼネラルオーディオカルチャーで育った若手の人材がソニーの事業部や生産工場に散らばって強化され、もはや、かつての価格競争になったら撤退して次の世代にかけると言うモノ造りに弱いソニーではなくなったという。

これらは、『急ぎの仕事は忙しいヤツに頼め』（石川修大著２００８年角川ＳＳ新書刊）にも記載されている。

1-3 新製品で世界を驚かせ続けたO氏のイノベーション

（1）1968年、小型カセットテープレコーダといえば、小さくても弁当箱サイズだったものが片手に握って操作できる、世界最小の、超小型テープレコーダTC－50が発売された。
この小型高性能に目をつけたアメリカのNASAだった。アポロ7号の有人宇宙船の乗組員が、マイク内蔵で宇宙船の中でも片手に握って宇宙飛行士の音声記録を残したり、持ち込んだ音楽カセットテープを聞いたりできる超小型テープレコーダとしてTC－50が採用され、宇宙空間で使われたのであった。

（2）1979年夏、ソニーから、音楽再生専用ステレオテープレコーダ、ウオークマンが発売され、世界的に大ヒット。屋外でステレオ音楽を楽しむ新しいライフスタイルを世界にもたらしたことで知られている。発売から15年で累計生産台数1億5000万台を記録した大ヒットとなった。

（3）1984年、世界最初の携帯型CDプレーヤー（ディスクマンD－50）は破壊的価格49800万円で発売され、世界的に大ヒットした。

当時CDプレヤーは据え置きデッキ型で価格は10万円以上で売られていたため、需要は低迷していた。

ソニー大賀社長の判断で、高級品を作っていたステレオ音響部隊から、なんでも半分にする、O氏のゼネラルオーディオ部隊にCDプレヤーの管轄を移したところ、O氏はサイズと重量を半分以下にし、価格も半分以下の5万円以下に抑えた破壊的な小型軽量ポータブルCDプレヤーD－50を新発売。

世界的に大ヒットして、それまでの円盤レコードは姿を消して。世界はCDオンリーの世界に変革させる起爆剤となった。

こうした、ソニーGA部隊のプロ根性が技術、生産、管理、あらゆる面で先行した結果、利益は後からついてくることを実践していた。

ソニーが切り開いたマーケットに松下や東芝や香港、シンガポールのメーカーが参入してきても、価格競争力で、十分戦えるようになり、一挙に売上シェアが急上昇していった。

1－4 GAではじめて出会った「影のボス」縁故主義者との接点

当時のソニーは、たびたびストライキを行う旧労組と、これに反対する新労組が共存しており、団体交渉時期になると、旧労組組合員は目立つよう赤鉢巻きして勤務についていた。この間に立って勢力を伸ばしていたのが「影のボス」の仲間らであった。

組合と会社の団体交渉中には職場で赤鉢巻きして作図台で仕事している旧労組の組合員の所に行って、GAトップのO氏は、親しげに話しているのをよく見かけた。

O氏の信条は、黒猫でも白猫でも役立つ仕事さえしてくれれば評価するということであった。

O氏が当時痛感していたのは、これからはコンピュータと英語力に強くならないといけないという信条をGA部隊に伝えていた。

当時ソニーは本社にユニバックの大型コンピューターが稼働しており、各工場に、これとつながったサーバーやエンドレスペーパーに出力するプリンターなどが置かれて使われていた。

GAでは筆者のコンピュータ技術知識が評価され、机のわきに本社のユニバックとつながっているテクトロニクス社製のグラフィックディスプレイAGS－5端末とグラフィックプリンターがリース契約で設置された。

最新の出荷見込みデータを使って、機種別標準原価と単価から、売上・利益見込みの期末の経営評価予測が、別階に置かれているプリンターにエンドレスペーパーで出力。決算日まで残る期間で挽回する作戦が、この資料によって可能となった。

不振の地域やカテゴリー別に、残された期間で挽回をさせることがなされるようになった。

またテープレコーダ全機種の発売から販売中止されるまでの月別販売台数履歴を全て記憶させ、必要な機種を折れ線グラフにしてディスプレイに表示し、付属のグラフックプリンターに出力しヒットモデルや不振モデルを評価するなどの各種ソフトウエア作成していた。

新発売の機種の販売店店頭に並べるイニシャル出荷量が、その後、月を重ねるごとに出荷数が増えていくヒットモデルと、減り続けていく不振モデルの命運が、販売開始後すぐにフィードバックされるようになった。

隣の部隊の管理部門から最新の出荷見込みを使って、機種別標準原価と単価から期末の経営評価予測のソフトウエアを使わしてほしいと依頼を受けた。筆者がこれを提供し、隣の部隊でも同様な、期末の経営評価予測ができ、残る期間で挽回する作戦がとれるようになった。

社内で筆者が自作したプログラムを別の部隊が流用しても会社としては得になるので何ら問題は起こらないはずだった。

ところが、これを知ったGA管理部署の「影のボス」が、断りなく渡したことに恨みを持っていて、一時筆者は、本社にある全社の図面や、部品表を、コンピュータに登録する部署に出向させられ、図面や部品表の入力や、要望された図面などを出力して送付する単純作業を強いられた時かあった。これが入社後、初めて縁故主義者と思われる影のボスに直面したのだった。

後に「影のボス」らの仲間らが、発注先からの裏金問題によって退社せざるを得なくなり、その仲間らが転職していったことを聞かされた。

この時の必要な図面をコンピュータから入手する知識が、後年役に立って、8mmカメラ一体型ビデオの回転ドラムを外製化することで、大幅な設備投資を防ぐ成果を評価されたことがあった。

カメラ一体型ビデオ生みの親の変革リーダーM氏

M氏は東京大学の電子工学科卒業後ソニーに入社し、技術開発部門で活躍した。1985年、世界初の8mmCCDカメラ1体型ビデオの開発責任者を務めた。後年、ソニーのビデオカメラ技術を世界トップレベルに押し上げた貢献により、ソニーの副社長に就任した。

当時のソニーでは、トップには技術に精通した人に引き継ぐことが継承されており、後年、M氏は誰もが認めるソニートップの後継者であることが認識されていた。


1974年からのベータとVHSの規格争いでは、ユーザーに不便を招いたことを反省し、第2世代の8mmビデオでは、子供の成長記録などをビデオカメラに取りたいとのユーザーの要望に応える、軽量小型のカメラ1体型ビデオに収まる8mmビデオ規格に統一する機運が生じていた。

それまでは10kgもあったポータブルビデオシステムに対し、5分の1の2Kgを目指した。

1982年に世界127社が集まる「8mmビデオ懇談会」で規格統一が決定した。

1985年1月、統一規格の8mm幅ビデオテープカセットに記録するカメラ一体型ビデオの1号機「CCD－V8」が発売された。

1・97kgという軽量化を実現し、25万画素CCDで、電動6倍ズームを搭載の高画質録画が可能な新製品をヒットさせた。定価は28万円。


その後M氏は1989年5月、重量はわずか790g、側面の大きさがパスポートサイズのビデオカメラとして世界最小・最軽量を実現した「CCD－TR55」を世に出した。片手で操作でき、しかも性能や機能で妥協はしない新製品が世界的に大ヒットした。

2－1 1983年からM氏の傘下で直属スタッフとなった筆者

筆者は1983年ソニー厚木工場のカメラ事業部の8mmVTR開発責任者のM氏のもとで、転出する開発推進担当者の後を引き継ぎA2サイズの開発プロジェクト・マスタースケジュール作成などに従事した。

その後、発売前の8mmビデオの生産戦略や、商品展開戦略などについて、トップの本部長やM氏に答申する直属の企画室に配属された。

筆者は生産戦略を答申する担当となり課題解決した2点は以下のとおり。

（1）ベータムービーの販売失速に対して、ハイバンドベータムービーにマイナーチェンジを提案し販売回復

1983年以発売された2・5Kgの肩にかけるベータムービ（ベータカセットにカラー動画を記録する肩乗せのカメラ一体型記録専用ビデオ）がヒットして生産キャパシテイの月産3円台でフル生産。単価が27万円と高いこともあって事業部の稼ぎ頭になっていた。ところが1年半後に失速し始めた。生産戦略担当の筆者が、マイナーチェンジした「ハイバンドベータムービー」の新商品名で販売することを提案。旧ベータムービーには高画質に切り替えるハイバンド化モードが内蔵されていた。これを標準モードとした「ハイバンドベータムービー」が登場するや、販売数量が3万台／月に回復。これによって筆者は、利益貢献で本部長賞を受賞し記念の盾と賞金を頂く。

（2）8mmCCDカメラ1体型ビデオの新開発回転ドラム加工に要する新規設投資回避案を実践

当時、月産3万台で売れていたベータムービーは、当時の事業部の稼ぎ頭だったが、新製品の8mmCCDカメラ1体型ビデオが発売されたら強制的に販売中止させ、8mmビデオカメラ市場中心のマーケットに切り替える戦略であった。

生産工場の現場では、利益がしらの売れているベータムービーを生産中止して、その工作機械で8mmビデオの回転ドラム生産に切り替えるためには相当な期間を要する。そこで、新開

発の8mmビデオの回転ドラム加工には、新規にドイツ製の高価な工作機械を買い増しにすることで準備がなされていた。

回転ドラムの切削加工法は、ソニーが特許を保持しており、部外秘で他社の能力ではドラム加工の肩代わりさせることは不可能との生産技術部門が見解を発していた。

筆者は8mmCCDカメラ1体型の生産戦略担当として、工作機械の新規買い増しを回避させる案を提案。

ベータムービー用回転ドラムを、DATのようなオーディオ用回転ドラム切削加工設備を持っている部品メーカーに試作依頼を出して、検査に合格した場合には、月産3万台分のベータムービー用回転ドラムを外製化させるチャレンジ提案だった。この提案にM氏と本部長も承諾されたのであった。

直ぐに資材部の試作部品調達部署の課長に相談したところ、数日まえに東北の某社が、回転ドラムの仕事を受託させて欲しと来ていたという。8mmビデオ回転ドラム図面を入手してくれれば、短時間で試作依頼が可能と言った。

筆者は以前テープレコーダ部隊にいたころ、ソニー全社の図面情報を一括して管理する部署に出向し図面登録実務に従事していた時期があった。

翌日、本社の図面情報管轄部署に行って図面を検索し、該当の図面番号を確認、伝票に転記して入力後、プリンターから出力した図面を入手した。

この図面を試作部品調達部署に手渡したところ、数週間後には、東北の某社が試作した部品が納品され、資材部が回転ドラム設計部署にサンプル評価を依頼。結果は合格との連絡が入った。

かくして、内製していたベータムービーの月産3万台分の回転ドラムの生産は東北の某社から納品されることとなり、回転ドラム生産工場では、十分な余裕期間を持ってベータムービーに使っていた内製工作機械を8ｍｍビデオの回転ドラムに切り替えることができた。新規設備投資することなしに内製化できたのであった。

スティーブ・ジョブズの有名な講演では「点と点をつなげるということ」「我々はいまやっていることがいずれ人生のどこかでつながって実を結ぶだろうと信じるしかない」と語っている。

以前筆者は本社に出向し、各部署から送られてきた図面をデジタル情報にして登録する実務に従事したことがあった。この経験がなければ、某社に送る図面を入手できず、能書きだけを言って実行できないスタッフとして非難されたと思う。

実務では、トップが承認したからと言って連絡書1本で、中間の実務を担う、官僚組織を動かせると思うのは素人のスタッフである。他社ではまねのできないソニー独自のマル秘回転ドラム加工を、社外に出すからと言って、回転ドラムの設計部署と交渉しても、抵抗にあって、いつ図面がもらえるかはわからないのだから。

業界のモルモット・ソニーを、オーディオ・ビジュアル世界No・1にしたK氏

3-1 K氏の経歴

K氏は東北大学工学部電気工学科を卒業し日本無線に入社。1955年に創業9年目の東京通信工業株式会社（現ソニー）に転職し、日本初のトランジスタラジオ「TR-55」の生産技術担当として活躍し、設計にも携わった。

1970年トランジスタラジオの担当役員の岩間氏の指示で、アイワ株式会社に転籍し、同社の役員として、オーディオ新製品企画や海外工場展開など任され同社のオーディオ製品グローバル経営に尽力し貢献。73年取締役、77年常務取締役に就任。この間、設計部長、生産本部長、事業部長を歴任した。

1980年代初め、ソニーが画期的な新製品を出すと他社の系列の電気店はお得意さんが欲しがるのでソニーの新製品を仕入れて系列メーカの製品と並べて売ってくれる。

しかし大手電機メーカーがソニーの後追いをして同じ新製品をキャッチアップし、ソニーより安い価格で売り出すと系列の電気店ではソニー製品を扱わなくなってたちまちソニーのシェ

アが急落する。

このことを、ジャーナリストはソニーを「業界のモルモット」と揶揄していた。

業界のモルモットを打開するため当時のソニー大賀社長が子会社に13年間いてアイワ音響製品を「低価格で販売しても好業績を上げ続ける体質」に変革させたK氏に白羽の矢を立て、1983年ソニー取締役待遇で、ソニーの生産体制を利益体質に変革させる役目を担わせた。当初オーディオ事業の本部長としてK氏は着任したのだった。

3-2 ソニーを、利益、シェアともにオーディオ、ビジュアル世界No1にしたK氏

松下電器の系列店が6万店もある中でソニー系列店はその4％程度で圧倒的に少ないため継続的に魅力ある新製品にチャレンジし続けないと食っていけない状況であった。

果敢に新製品にチャレンジし続けなければ業績が悪化するという中小企業のスタンスでは会社の規模が大きくなるにつれて行き詰まりが来る。エレクトロニクス業界での構造は、新製品の企画構想から量産開始まで新製品を次々に効率よく送り出す商品化チェーンと、部品や半製品を市場から手に入れて組立てて完成品にし、流通市場を経由して顧客に届けるサプライチェーンの両輪がある。

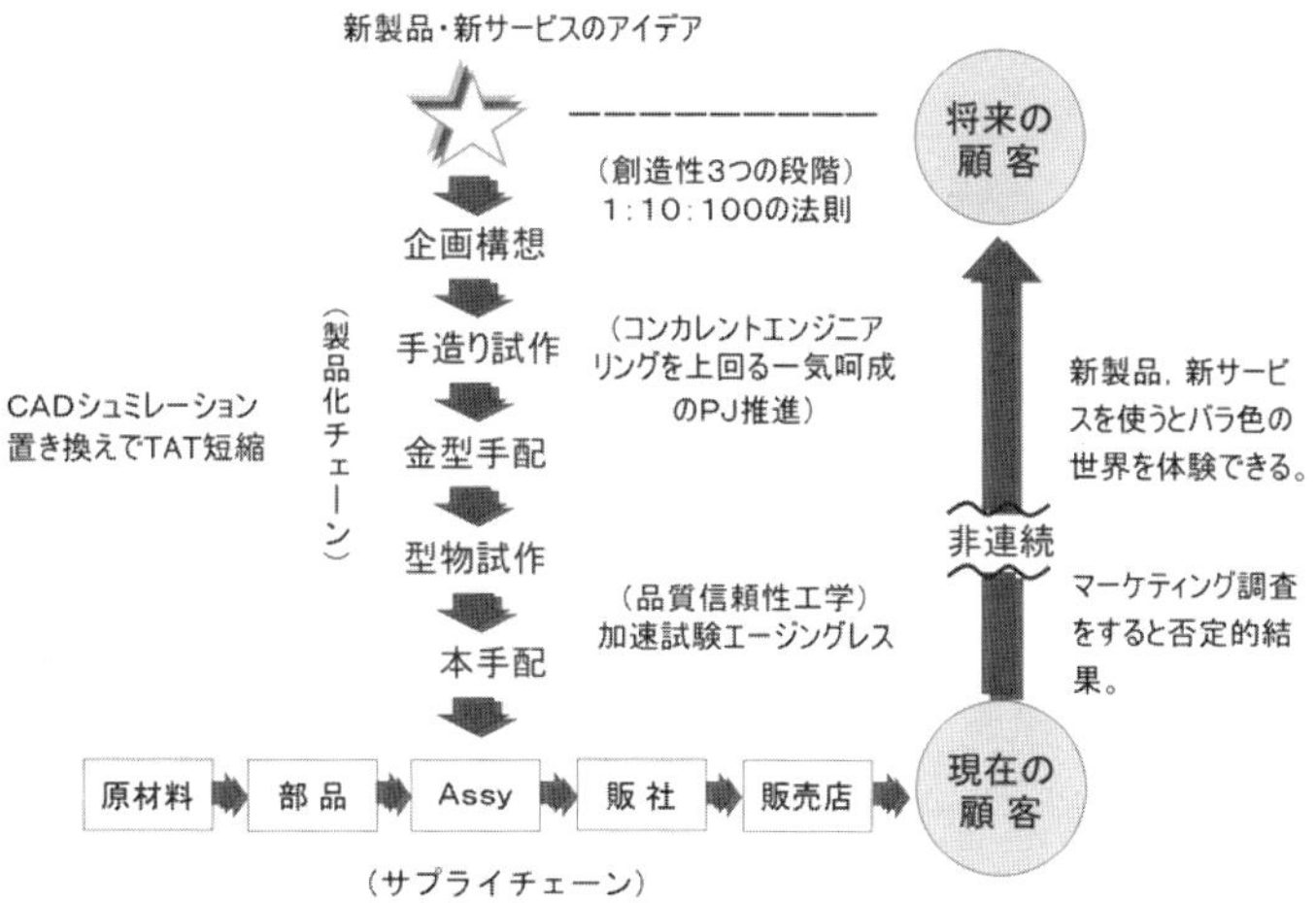

サプライチェーンを効率よく運営するのが製造業にとって利益を出しながら企業を永続させるための大事なところ。

しかし上述のように販売ルートも含めたサプライチェーンの運営には今一のところがあった。１９８０年代初めオーディオ、ビジュアル業界のトップの地位は遠かった。

〈現在の顧客と、将来の顧客は非連続と心得よ！〉

新製品とは、「他社にないもの」「人のやらないもの」と言っても、ウオークマンのようイノベーションは新たなジャンルのものを生み出すのはそうはたびたび起こすことは出来ない。

その間は、従来製品の一部に、これまでなかった新たなフィーチャー（機能）を付け加えることで、買い替えや買い増し需要を掘り起こすことも、重要である。K氏はこれについてこのように定義している。

ヒューマン インターフェースの役割

- 自動調整
- 注目・強調
- 人間操作（音声，手，足，目線 TEL 遠隔操作）
- 動作表示（メーター等）
- 信頼性の強調（3Head，並列処理，確認動作）
- 入出力拡大

フィーチャーとは、顔の造作の一つく目、耳、鼻、口、顔、あごなどをいい、画質・音質・操作性などの製品本体と使う人との間のインターフェースの機能を拡大する仕掛けを言う。３・５年周期で変化する。

これには一時的流行現象と定着現象の２つのパターンがある。

競争に勝つには〔価格Ｇａｐ〕ｏｒ〔フィーチャーＧａｐ〕で戦うしかない。

１９８３年ソニー取締役として13年ぶりに復帰させ、オーディオ事業本部長に任命され、短期間で利益体質に変革させたK氏であった。

１９８６年常務取締役に昇格しビデオ事業本部長に就任。生産で利益を上げる体質に変換させた。88年には業界標準になっていたＶＨＳにソニーを参入させた。

１９８９年専務に昇格しテレビ事業本部長に就任。売上、利益、シェアで名実ともソニーをオーディオ、ビジュアル世界Ｎｏ１の地位に史上初めて達成させた。

１９９０年代表取締役副社長に昇格した。

１９９３年に役職定年で転出された。

3-3 筆者がK氏直轄の企画業務室長とした学んだこと

１９８６年より１９９３年にK氏が役職定年でソニーを退任されるまで私はK氏の直属のスタッフの室長として実務をこなしながらAV世界Ｎｏ１を達成した競争に勝つ実践的な戦略が何たるかを直に学ばせてもらった。

（1）側近の役割は実務で忙しいトップの眼となり耳となり世の中の動きを洞察して報告する

K氏からは、トップ直属のスタッフの役割は、実務で忙しいトップの眼となり耳となり世の中の動きを洞察して報告し、他社が気が付く前に自社が行動し技術のウェーブフロントに立てるお膳立てをすることだと教えられた。

K氏のいとこが、アメリカのＣＩＡのスタッフとして働いており、各種調査活動のノウハウを教えてもらったことがあり、そのような役割も直属スタッフに求められた。

競合の現場である店頭や展示会や講演会や新聞雑誌や政府刊行物等の公開情報、ＰＯＳデータの統計解析等によって世の中の変化の兆しをいち早く掴み業界変化のウェーブフロントに立つ対応戦略を考え、K氏定例ミーティング上申する。役に立たないと見なされたら即移動させられる厳しいものだった。

筆者は、このため秋葉原や大阪の日本橋の電気店街で定点観測ルートを定め定期巡回して店頭での拡大や衰退の傾向を把握したり、アメリカのコンピュータの展示会、コムデックスや欧州のハノーバーメッセ等にも出かけていって名だたる世界的企業のトップの講演を直に聞いてそのスライドを入手したりして、自社では誰も知らなかった技術動向もいち早く掴むことで早期対応に貢献したこともあった。


K氏自身も多忙な時間を割いて、積極的に関連業界等を回って現場の人と接することで業界が数年後にどんな形になるかが読む努力を欠かさなかった。筆者はK氏に業界の波がしらに立つ戦略のノウハウを39歳より直接学べたことは幸運であった。

この教えが、後に役立ったのは、ある年の1月にドイツのハノーバーメッセでの展示会で、欧州電機メーカーのトップのフィリップス社のブースを訪れた時だった。年末に発売する、画素数を2倍にする高画質モデルに切り替える商談をしていることに気がついて、棚に置いてあった、新製品テレビのスペックが記載された資料を持ち帰ることができた。


従来のテレビが50ヘルツのものが、欧州最大の電気メーカ・フィリップス社が倍の100ヘルツの新機種で攻勢をかけてくることが10カ月前に分かったのであった。

帰国後、この資料をソニーの欧州の事業部署にFAXで送ったところ、現地にでは寝耳に水の情報だったので、急遽、年末に、対抗モデルの対応する時間的余裕があって、助かったと言われたことがあった。

(2) 変革の第1歩・輪読会で全メンバーに共有価値観を徹底させること

K氏が乗り込んで事業本部長となって改革を始めるためのキャンペーンの第1歩は輪読会の開催であった。

輪読会により各言葉の理解を深め、各分野でのモノの考え方の違いを見直して共通定義が生まれ、以後共通語が通用する環境が作られた。

例えば、「整理整頓」という言葉。その定義はトヨタ生産方式では「5S」として明確に定義されている。しかし「整理」が、「いらないものは直ちに捨てる」ことまでやるのだということは普通の人は教わっていない。

同様に「整頓」とは使いやすいようにするためであることは知っているが、「あらかじめ決められた場所に置くこと」までやるのだとは教わっていない。輪読会の第1歩として私が教わった整理整頓の定義は次のとおり。

整理(SEIRI)とは・・・・・いるものといらないものに分け、いらないものは即刻処分すること。

整頓(SEITON)とは・・・・・いるものを使いやすいように、あらかじめ定まった場所に置くこと。

輪読会では、まず初めに事業を利益あるリーダー企業とする経営ノウハウをまとめたテキストを146頁のルーズリーフに入ったテキストを使い、K氏自らが講師となって世界に散らばっている拠点の幹部を集めてオフサイトで特訓をした。

教えられた幹部は、自身の拠点に戻り、K氏のテキストを使って自らが講師となり傘下の部長や課長といった管理職に輪読会を通して教える。

管理職は職場に戻って係長を集め教え、係長は担当者を集め教えるというやり方をとって正しい経営のスキルや共有すべき統一した価値観を短期間で末端まで浸透させた。

筆者もこのキャンペーンの事務局としてテキストの作成や啓蒙誌を定期発行するなどのお手伝いをさせていただいた。

(3) 工場生産品目は同じものは続けられないという周期説の徹底教育

テキストの冒頭には「業界の大きな変化の波頭に自社を位置付け総力を挙げ対応し業績を伸ばしていくのが企業の経営である。常に変化する市場においてその波がしらに立っていなければならない。

経営で大事なことは新しい商品市場をいち早く見出し、ユーザーが何を求めているかの正しい認識のもとで大きい波の先端に乗り、常にNo・1のポジションを取るように動くことが重要である。それには常日頃、情報に強くパッと動ける体質を実現しておかなければならない。「企業は変化の先頭に立たない限り生き残れない。」と強調されたことを覚えている。

1985年ごろの都道府県ごとに工場を持っていた日本の電機産業は、トヨタ生産方式の導入だけで、利益体質になるとの誤った認識を持って、各工場でトヨタ生産方式のエキスパートを育てていた。

にもかかわらず1985年のプラザ合意を契機に急速な円高によって輸出品を生産していた地方の工場は軒並み工場閉鎖に追い込められたのだった。

生産工場であっても、常に変化する市場において非連続な新製品や、新サービス業に転換して、従業員が働き続けられるように、先の時代に工場が対応することに注力しなければ生き抜けないのだ。

(4) 商品トレンド周期を確実に把握し、全員が共通認識に立つこと

マーケットの製品スタイルについて7年サイクルで大きな本質的な変化トレンドがある。変化の兆しは、市場を定期観察していれば2~3年前のその兆しがわかる。そして少なくとも他社に遅れないように、出来れば凌駕するようにやルことが大切である。

ソニーの生産を儲かる体質に変革させるためにソニーに戻ってきたK氏は企業は40年周期、20年周期、7年周期、3・5年周期の各波動に対応してウエーブ・フロントに立つ非連続な新

②20年周期説・開発技術の交代と発展

46年 エアニック →(19)→ 65年 IBMS360 →(16)→ 81年 IBM PC →(19)→ 2000年 インターネット時代 電子商取引

メインフレームを経営ツールとして使いこなす

PCを経営ツールとして使いこなす（ダウンサイジング）

Eコマースを自社のビジネスモデルとして使いこなす

＊円盤レコード

25年 電気吹込 SP →(24)→ 48年 33.45LP →(7)→ 56年 33. 45LP ST →(25)→

82年 コンパクトディスク →(10)→ 56年 MD

＊シネマ

02年 トーキー →(22)→ 24年 トーキーフィルム (USA) →(11)→ 35年 カラーフィルム →(20)→

53年 シネマスコープ →(1)→ 54年 ビスタビジョン(欧) →(23)→ 77年 ドルビー 4チャンネル ステレオ

＊TV放送

28年 白黒TV放送 →(22)→ 50年 カラーTV放送(USA) →(19)→ 69年 TVステレオ放送（日本）

→(27)→ 96年 デジタル衛星放送 ディレクTV(USA) → 04年－06年 デジタル地上 →(15)→ 11年 アナログ放送終了

③7年周期説・製品スタイルの変化

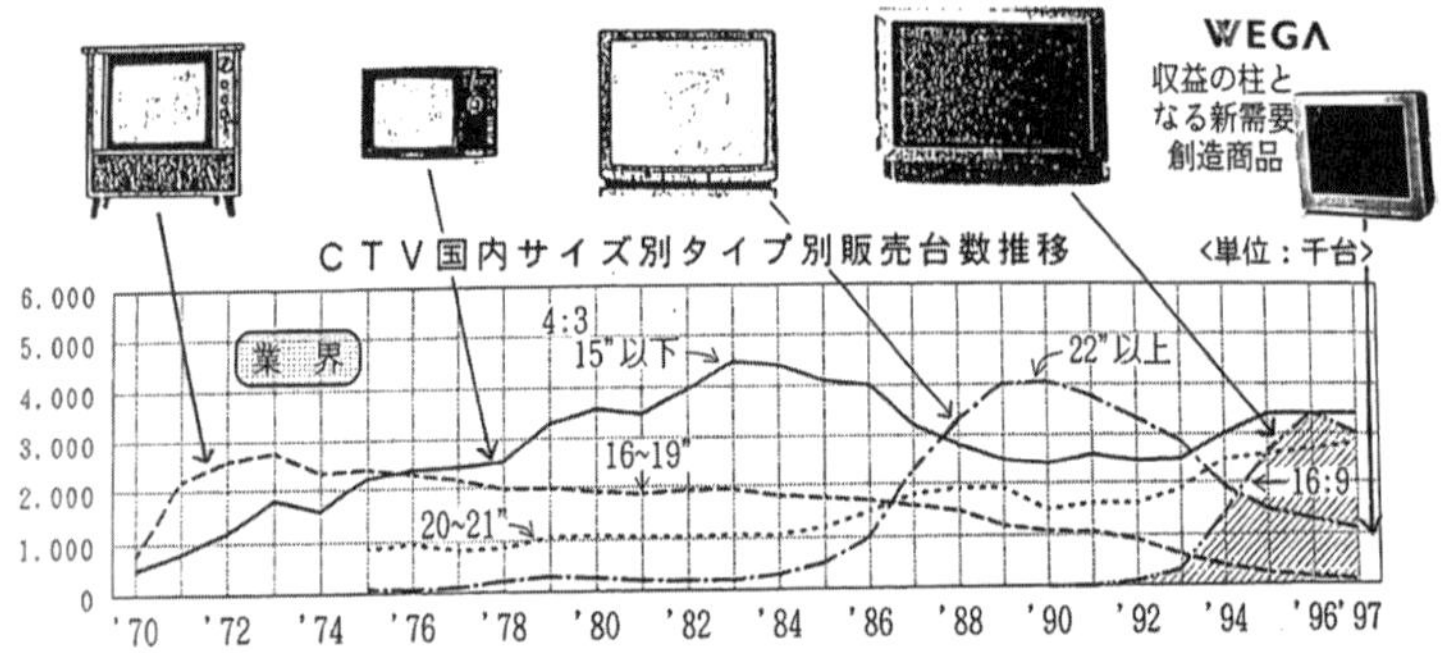

家具調テレビ→14型小型→モニタールック→ワイドテレビ→完全フラットテレビ

製品を導入し続けなければ、工場の存続はできないことを徹底して教え続けた。

①40年周期説・近代日本は40年周期でパラダイムシフトが起こる井深論
②20年周期説・開発技術の交代と発展
③7年周期説・製品スタイルの変化

『ソニーの遺伝子　平面ブラウン管テレビ『ベガ』誕生物語に学ぶ商品開発の法則』勝美明著1998年ダイヤモンド社刊』には、1996年5月22日ミーティングに筆者が語ったテレビの7年周期説について次のことが記載されている。

「豊島は、ソニーの多くの経営幹部に懐刀として仕えてきた市場分析のプロだ。市場分析の視点から、50周年記念商品として、どのような商品を出すべきかプレゼンする役割になっていた。豊島はソニー内部では定説化しつつある「7年周期説」を持ち出した。国内市場であるタイプの製品がブームになると、5年目には飽和期に達し、延命策が取られる…が7年目には主役は交代することとなる。それが7年周期説だ。…1986年ごろから22型以上の大型化ブームが始まった…が5年目にピークを打った。松下の画王は、その延命策として発売された…これを各社後追いしたが…大型路線の凋落には歯止めはかからなかった。変わって92年に他社が16対9のワイドテレビを小規模ながら発売…『この変化は一時的なものではなく定着する』と読んだ中村が…ワイドテレビ参入を決意…一挙4モデルを投入…これが起爆剤となってワイドテレビ全盛期が到来。…96年になって頭打ちとなって下降が始まっている。…

今、マーケットを活性させるような商品を仕掛ければ、次の7年周期の波『ウエーブフロント』に立ち圧倒的な優位を確保できる…今は新しい大きな波が来る時期なのに、指をくわえていては駄目です…豊島そう言い切ると、次のシートを示した。『全面展開の時だけ他社を抜ける』と大書きされていた。…

豊島の市場分析を受け、畳みかけるように杉山が商品企画部として『パーフェクト・フラット・トリニトロン』(完全フラットトリニトロン)を強く推した」

④3・5年周期の波動：画質・音質・操作性などフィーチャー進化トレンド

成熟期のAV商品で基本的に常に大事なものは、画質・音質・操作性で、これらは止まっているものではなく、新しい波の中で動いている。改良商品市場をいち早く見出し、ユーザーが何を求めているかという動きの中で、3・5年周期の先端に乗り、常にNo・1のポジションにあるように動くことが重要である。

戦略の定義：主要な敵とそれに対応すべき味方の配置を定めること

K氏が教えた末端の人が行動に落とさせる正しい戦略の定義は広辞苑に記述してあるという。

それは「主要な敵とそれに対応すべき味方の配置を定めること」である。この定義では「物理的な質または量で敵を上回る味方の配置を定めること」を意味する。

〈日露戦争当時、日本海海戦の例〉

欧州からはるばるウラジオストックに向け回航してくるロシアのバルチック艦隊は戦艦の数では迎え撃つ日本艦隊を上回っていた。これでは戦艦の数が多いロシア艦隊が砲撃の火力で上回り日本が負けることが予想された。

そこで秋山参謀は戦艦の数が少ない日本艦隊が砲撃の火力で上回る配置、つまり前進してくるロシア艦隊は船の前方にある主砲は撃てるが後方にある主砲は眠っている状況の中で、迎え撃つ日本艦隊はすれ違うと見せかけて敵前で90度旋廻して、前進してくる敵艦隊をさえぎる形のT字に配置する戦略を立案した。この形になれば日本艦隊は前の主砲と後尾の主砲の両方をロシア艦隊に向ける事が出来る。秋山参謀はこれをT字戦略と名づけて固定位置に定めた東郷ターンポイントに達したら敵前で90度旋廻し敵前を横断する訓練を繰り返し行った。

本番ではT字が少し崩れイの字の形になったものの日本艦隊は各艦とも前後両方の主砲をロシア艦隊に向け一斉砲撃ができた。ロシア艦隊は前部の主砲しか撃てず結果は砲撃の火力で上回った日本艦隊の圧勝に帰した。

船の数が劣勢であっても実際の砲撃での火力が敵を上回る配置を秋山参謀が考え抜いて戦略

を立てた。これが広辞苑での戦略の定義、「主要な敵とそれに対応すべき味方の配置を定めること」の実例だ。

トランジスタの新技術も、周波数特性で遜色ない性能を達成する時代が来るまでは真空管ラジオとの競合を避けて、電池で動き屋外で使うポータブルラジオに絞ったことがヒットにつながる。

ワイシャツのポケットに入るほどの小型化してパーソナルユース市場に新製品を配置したから、若者を中心にした新たな市場が生まれ成功したのだ。

次いでソニーがトランジスターテレビを開発したときには、アメリカのテレビは家具調デザインの大型テレビが主流を占めていた。

アメリカの市場調査会社では、ソニーがやろうとしている小型のオールトランジスターのマイクロテレビは売れっこないとの見解だった。

しかし、ソニーがマイクロテレビを発売した当時のアメリカのお金持ちたちのレジャーはキャンピングカーで山や海に出かけて自然の中で家族と楽しむライフスタイルだった。ソニーのマイクロテレビはレジャー用のテレビとして飛ぶように売れた。レジャーに出かける人々はテレビのポータブル化というイノベーションに飛びついたのだった。

ドラッガーが現代の経営で述べた「企業の目的は顧客の創造である・・・マーケティングとイノベーションだけが成果をもたらす」の意味はこの事例でよく分かる。

4-1 筆者がK氏の直属で遭遇した縁故主義者たち

①K氏が生産担当役員として活動する皮切りとした始めたのは、K氏主宰の定例生産関連事業所長会議だった。ソニーの生産子会社の幹部を招き、相互の課題の交流や、近代的工場への改革に向けて話しあう場を設ける事だった。事務局は筆者で、会場の手配など用意万端がなされた。

しかし突然、本社の事業計画予算を管轄する部門が、同日に事業所長を集めた事業予算関連の会議をぶつけてきたことがあった。

事業所長側から、期日がバッティングすることを知らされた筆者が、K氏に報告するとともに、素早くその日の前後に期日を移し、事業所長らが、本社主催の会議と生産関連事業所長会議の両方に出られるように、期日と会場を変更をセッティングをしたことがあった。

本社の全子会社の事業計画を掌握する部署が、大賀社長によって、新たにソニーの生産を管轄する役割をK氏に委ね、生産関連事業所長会議を始めたことを阻止する動きだった。

当時のソニーには、本社に最大派閥が君臨していた時代があって、その長が次期トップとなる勢いがあった。

ところが盛田会長が、このことに危惧を抱き、派閥のリーダーを子会社に戻れることなく転籍させて、本社の派閥の勢いが鈍ったことがあった。

②また、K氏がテレビ本部長になって変革を始めた時、当時NHKのハイビジョンの試験放送が始まって、各社から定価が130万円以上もする16対9画面の大型ハイビジョンテレビが発売されていた。

ソニーテレビのプレステージであるハイビジョンテレビの生産は1日に数台程度の規模での生産であっても最高級品の生産は工場でも誇れる仕事とみなされていた。

K氏が主催するテレビ事業の運営会議で、K氏がハイビジョンテレビの在庫が増加していることを指摘して、売れていないハイビジョンの生産を中止する指示をK氏が出したことがあった。

ところが、生産は引き続き行われていた。テレビ本部を長年牛耳ってきた縁故主義者らが、ハイビジョン生産に誇りを持って生産し続けている工場に、K氏の指示を伝達しなかったのである。

この指示を、筆者のミニコミ誌に掲載した版が、発行されるや否や、これを見た工場が、テレビ本部の管理部隊に問い合わせる事態となって、はじめて、生産が中止され、在庫過多を防いだことがあった。

その後、管理部門の長は、本社に転出して交代したことがあった。

4-2 ソニーのオーディオ・ビジュアル製品を世界一にしたK氏の格言

筆者は、K氏の側近として、幹部との運営会議などの傍聴を許されていた。

K氏は、運営会議に出席する幹部が、部署に戻って、課長などに運営会議の内容を伝える際に、正しく伝わらないことがあるのを防ぐために、毎月定期的に、K氏の経営方針のメッセージや、本社での動きなどを、組織の末端にまでダイレクトに伝えたいと考えていた。

そのため、筆者が毎月のミニコミ誌を編集し日本語と英語版にして、海外も含めた工場に至るまで定期配布の役を仰せつかっていた。

後年、筆者が、各工場での依頼で、社員研修を依頼され、ミニコミ誌の記事を含めて編集した、数多くのテキストを筆者は作成していた。

これらのテキストの教材を基に、K氏の経営方針や、格言などを次にのべる。

(1) 時代の大きな変化の「波がしら」に乗って走れ

環境変化に対応し、業績を伸ばしていくのが企業の経営である。常に活動する市場で、その波がしらに立っていければならない。商品で基本的に常に大事なものは、新しい商品市場をいち早く見出し、ユーザーが何を求めているかという動きの中で大きい波の先端に乗り、常にNo．1のポジションにあるように動くことが重要である。

また、中心帯商品で利益を上げられる体質をつくることも重要。新規に流行する商品では、その開発期に参入し、次に来る成長期の転換点をとらえて数量を増やして利益を上げられるように動く。常に変化の波がしらに乗って走っていくのが経営では重要なポイントである。それには常日頃、情報に強く瞬時にパッと動ける体質を実現しておかなければならない。

(2) 選別淘汰期の生き残り2大要素

①業界最低原価達成
他社同等価格にて収益力拡大させ、更に強力な再投資が可能となる。

②商品の差別化（Target着眼力）
競争相手の相対的弱点に自社の強みをぶつける。

③ノンプレミアム商品とプレミアム商品の両展開。
利益幅が大きいが数が出ないプレミアム商品と、数は多い利益が期待できない低価格帯商品の両方を持っていれば限界利益総額が最大となる。

(3) 市場価格は経験曲線に従って安くなるのは避けえない現実である。

市場価格の標準下げ率　アナログ製品は5年で半分、デジタル製品は2年で半分売価が下がる。ビジネスを継続するには市場価格低下に対して同格の商品ならば、有力他社より定価で1割、実売で7％高い値段の皮一枚の差で追っかけるスキミングポリシーで戦うこと。この幅以上にソニー製品が高値だったら見向きもされなくなる限界線が定価で1割、実売で7％高なのだ。

そうすると現状実売2万円のビジネスを継続するためには、製造事業所では、現状の市場価格低下（実売1・8万円）でも儲かるように活動する。

設計部門では、1～2年後の市場価格（実売1・5～1・2万円）で儲かるように活動をし、開発部門は、3年後の市場価格（実売9900円）で儲かるように活動をする。

競争の激しい低価格帯から撤退し値段の高い高付加価値路線を取ると、シェア低下と総生産量の激減に対応できなければ莫大な赤字決算に直結する。

（4）始めに価格ありき、売れるものを作る時代

昔、コストからスタートし、これに利益幅を上乗せして価格を設定してきた。今日では、まず顧客がすすんで支払う価格を設定し、商品の設計段階から、許容されるコストを明らかにしている。価格主導のコスト管理を行うには、経済連鎖のコスト全体について情報を把握し、管理することができなければならない。経済連鎖によるコスト管理を行わなければ、いかに自社内において生産性の向上を図ろうとも、コスト上の競争力を喪失していくことになる。

（5）工場の生産品目は常に入れ代わっていく（5年以上は続かない）

受注が激減していく生産工場が生き残るには次の進化型転換が必要となる。

①付加価値機能商品へ移行　設備投資が必要不可欠の家電製品などのハードビジネスから撤退して、社会インフラ事業などのソフトウエアサービス業に転換する。

②事業進化型シフト　大企業の下請けから脱却して、得意技術を生かして、直接消費者に売れる新商品ビジネスに転換する。

新しいビジネスに移行するには、訓練が必要。それを生かせるようになるには言わばゴルフのフォームのようなもの。新しいフォームで使う筋肉を、1万回クラブを振る事により、太らせて初めてフォームが改善されたと言える。

(6) 伸びる人間は常に2段階上の発想・考え方に立つ

係長は部長、課長は事業部長、部長はプレジデント、VPは社長。常に「俺が責任者だったらこうする」ということをシミュレーションしながら、実際の運営上の問題を考えることが訓練になる。

戦略も常に2段階上の発想をしないと他社に勝てない。例えば新製品の製品立上げ。誰もが考えることは、まず日本で立上げて品質が安定したら海外シフト、2段階上の発想ではいきなり海外立上げだ。

(7) 「リーダーシップ」と「マネジメント」は違う

リーダーは組織の使命を考え抜き、目に見える形で明確に定義する。

マネジメントとは、コントロールと問題解決である。

（8）設備投資よりまず設備ハズシが基本

生産システムの設備は、本部主体で調整工程も含め自動化したものを工場が受け取ってオペレーションするよりも、工場の作業者自身が主体的に創意工夫し、生産工程を自分のものとして時々刻々改善していく方が、作業者に対する詰め寄り方がきつくなり、フルロードが前提で展開することができる。

その意味で設備投資よりも、まず設備を使わないで済ませる知恵を、Ｓｅｔ設計者とそれを流す工場の人が一緒に考えることが基本となる。

①設備投資の非効率化要因

1．過剰精度によるコストＵＰ（設備担当のマニア的設計、及び機械選定）

2．過少能力見積りによる台数増加（歩留り、操業形態の前提）

3．早期陳腐化（技術方向性の読み取り）

②無付加価値作業とは

製品に組み付けたり、穴を開けたりする付加価値作業の他に、製品に付加価値を付けないが今の作業条件下ではやらなければいけない作業（置く、運ぶ、目視チェック、開梱する、検査するｅｔｃ）がある。

これは本来ムダと考え、限りなくゼロにする努力をやらねばいけない。

（9）データを見て行動を起こす生きた仕組み

全組織・全構成員は、毎日、毎時間、事業計画で決定された目標を達成すべく活動している仕組みをとっている。従って事業計画は多くの人達が、それぞれの各月毎のマイルストーン目標点に到達するための有効な地図でなければならない。単なる販売高、生産量、経費予算、利益などの羅列でしかないものであれば、単なるトップの目安的な役割しか果たせない。

強い事業部と言われるところは、末端に至るまで計画と実績が仕事を進める上でのトリガーとなり、計画必達の風土づくりができているから、不況風が吹いてもびくともしない実績を上げることができる。

管理データは常に実体とつながるように、固定分と変動分を分けて実行動と関連付けられるようになっていなければならない。

また、市場不良の月々の数値をつかまえ、工場で抑え込める検査、又は評価の仕組み及び水準を決め、それが越えているならば、早急に対策処置する為、英知を集めて決めていく即応体制を作る。マネジメント層は日々のデータや現場、現物を見て、あすこの辺が危ないと感づいて事前に手を打てる体制を完備しておかねばならない。マネージャーは計数的に表現し、対応する場所を明示することが必要である。

（10）企業国際競争力分析

設計開発拠点は最も競争が激化している地域に直面している場所に置くべき。

全ての産業は、世界の各地域に4大文明のように同時遂行的に相互関係なく発展するのではなく、最も競争が激しい地域が世界に影響を与えて一手に供給するという姿が、今日のグローバル時代の産業です。そうした地域に進出して鍛えれば、世界で通用する。

アメリカは、映画産業、ソフトウエア、航空機産業、を始めるときの拠点
英国は、保険業や金融業、競売などを始めるときの拠点
フランスは、ファッションや衣服、絵画、料理や香水などを始めるときの拠点
イタリアは、靴、ハンドバック、ディスコ照明装置などを始めるときの拠点
スエーデンは砕石機械やコンプレッサーなどを始めるときの拠点
スイスは医薬品や酪農品
日本は家電、電子部品、カメラ、時計などを始めるときの拠点

こうした拠点の特徴は
①厳しいユーザーの存在、厳しい法律規正がある。
②競争相手が多く、常に危機感がある。
③関連支持産業の存在
④特化された資源（資本、労働力、知識、熟練度）

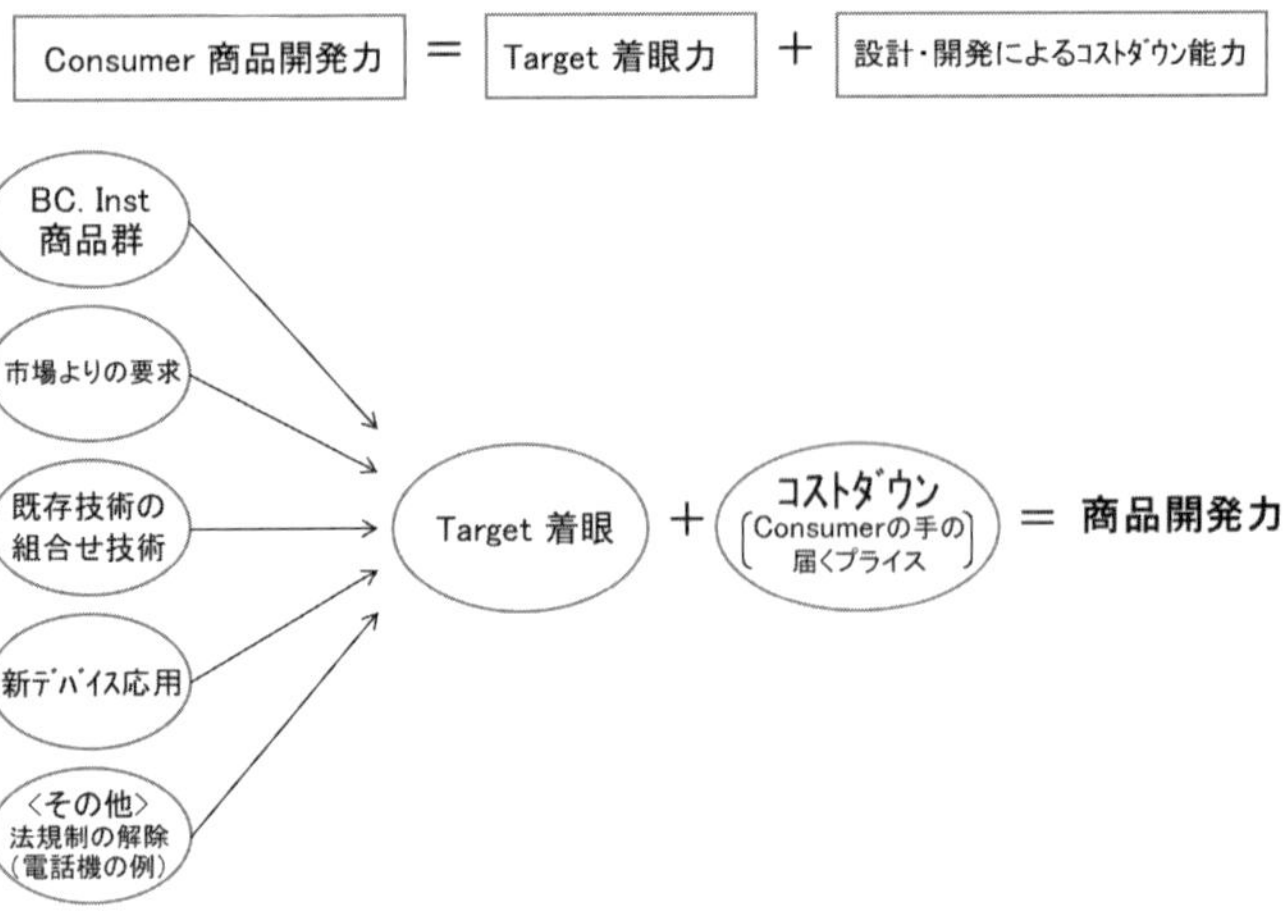

(11) 強い商品企画の考え方

技術屋は、強い商品というとすぐに技術的な性能を盛り込むと思いがちだが、そうではない。まず、ユニークな商品群を持ち、しかも継続して開発・販売していく力があることが大切。

販売が戦略をもって市場を攻略することができるのは。商品の回転が良く、在庫ロスが少ない。品質が良く、コスト競争力があるというのが強い商品といえる。

お客様が喜んで買いたくなり、お店が売りやすく、また製造しやすく、利益があがる。

市場の中では、各社のブランドが並んでおり、競争の世界だ。価格は、この市場の中から生まれ、会社はこの競合価格の中でいかに利益をつくるかが問題。

(12) 商品開発の基本公式（上の図）

(13) 市場の競争に勝つためには

①Line Upの形成
★シェアと機種数は比例関係
★全市場をカバーするには層毎のLine Up企画が必要（可処分所得差、趣味嗜好、生活クラスター毎に品揃え）
★販売店の店頭陳列棚の定番確保
②製品交換率に従った計画的商品導入とモデル数確保
フルモデルチェンジと割り切ったマイナーチェンジの計画的組合せ。

経常利益の30～40％を新機種で確保し、新陳代謝を計る。


製品の内容に大きな変動が起こった場合、その変動を〈一時の流行と見る〉か《構造的変化でそれが定着すると見る》かで、企業の対応に大きな差が出る。

例えば、今起こっている価格破壊とも言うべき製品の大幅価格低下現象を、〈一時的なものと見た企業〉は〈揺り戻しで価格が上がるまでじっとして待っていればいいと判断する〉し、逆に《構造的変化で低価格が定着すると見た企業》は《低価格でも利益が出せる体質に改革せざるを得ない力学が働く》。

流行現象が生じたとき『やるべきか』『やらざるべきか』の判断には、〈一時的流行なのか〉それとも《定着化現象なのか》の見通しの違いによって企業戦略がガラリと変わる。

(14) 広告の基本

広告は教育（あるいは説得）である。お客様をお店に連れてくるのがメーカーの広告の役目なのだ。新聞発表文には、何をセールスポイントに企画したモデルであるかを知らせ、マスコミ関係者がわかるような内容でなければ記事にしてくれない。

商品企画担当者、設計者は、自分が企画し設計する商品のポスターを、自分で書けるようでなければならない。

売るときに、いかにユーザーにアピールするかをイメージして、それを適確に表現し得なければならない。設計のコンセプトを適確に伝えるキャッチフレーズも設計段階で考える必要がある。

素晴らしい商品も、それを表現していない写真では見合い写真と手配写真の差になります。内容、写真の面白さが大きく取り上げられるか否かが左右する。

プレス発表には、技術発表時期と商品販売発表時期の2回のチャンスを使う。

(15) ブランド戦略

1．ブランドの機能―『SONY』の4文字は最大の財産であることを常に認識する―

ブランディングの語源は、「牛に焼き印を付ける」。たとえ全ての牛が全く同じに見えても、牧場で牛を他の牛と区別できるようにすること。そして類似の商品は、市場には存在しないという認識を作り出す。多くの手間をかけなければならない製品においては、ブランドは製品を差別化する際の大きな武器となる。製品力＝ブランド力という現象が生まれる。「ティファニー」の宝石であると言えば、そこには単なる名前以上のさまざまな情報が盛り込まれており、そのことが価値を生み出す。

2．ブランドの効果―商品を通してブランドイメージを高める―

●消費者にとって、購買決定が迅速になり、使用・経験の満足度を高める。

●企業にとって、

①法的保護が受けられ、競合企業と差別化でき商標権が設定できる。

②ブランド・ロイヤリティにより、安定的売上げを確保できる。

③プレミアム価格の設定が可能となり、高いマージンが実現できる。

④ブランドの拡張により成長機会を増やすことができる。

⑤流通チャネルが積極的に取り扱おうとする。

ブランド体系には　●コーポレートブランド　●事業ブランド　●商品群ブランド　●単品商品ブランドがそれぞれ存在する。

(16) リーダーが心がける事

1．企業構成員一人ひとりを大きく成長させるための努力

2．人は石垣：持てる能力を目一杯発揮させる適材適所の努力

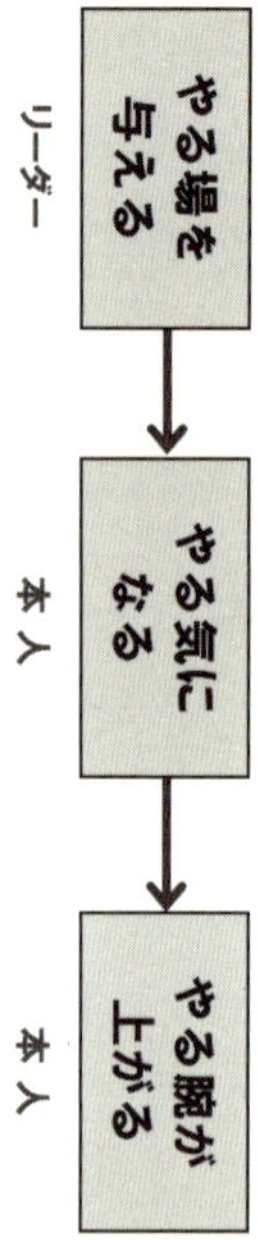

逆に場を与えられず、やる気がないから任せない、やる腕が落ちるという悪循環になり、リーダーだけが忙しいという状況は起こしてはならない。

(17) 初心者がジャンボ機を操縦する計画は立てるな

初心者がいきなりジャンボジェット機を操縦する計画を説明するきらいがあった。システム改善のアプローチもシステムだけを変えて運用担当者の訓練をしないものだから大混乱に陥り、またシステムの見直しをする悪循環になるという傾向があった。物事の改善の手順は、次のステップをふまなければいけない。

①Ｓｔｅｐ１ 体質を指標化する

自分達のレベルを計る尺度（ものさし）を決めて、今を計る。
せいぜい部門で5種以内の尺度を決めて、現状を認識する。
小学生なら小学生のレベルにある事を自ら認識する事が大事。

②Step2 実現可能な目標を作成

この尺度を毎月1％改善向上していくには、何をしなければいけないかを計画する。野球でもプロ野球と学生野球、小学生の野球とそれぞれのレベルで全く練習方法が違うはず。パイロット養成の例では、まず学科の航空法規、構造理論を習得した後、実際にグライダー、軽飛行機、双発機、ジェット機という訓練ステップを踏んで初めてジャンボ機での訓練に至らないと一人前になれない。いきなりジャンボ機での訓練に入る計画は立てるな。

③Step3 実行に当たって責任者は厳しい指導体制で臨むこと

物事を習得するときに始めからつらい事、苦しい事を避けていては成果は出ない。小学生の野球も放任するとつらい事でやめてしまい、本当にプレイ出来た楽しさがわからなくなる。民主主義は基本的訓練を終えて楽しさをわかった時点から適用すべきである。この辺の指導体制が甘いので、もっと厳しくやって欲しい。厳しさを乗り越えて始めてプロが生まれる。これが大勢を率いる時の基本である。

マネージャーは必ず起きる変化のリスクを予見し、対応する役割りを果たし、目標を守り抜き、実行する担当者は決められた事を完遂し、かつ能力を高める事に専心する。

(18) 小さな成功の『橋頭堡』とは何かを常に銘記せよ！

個々の仕事をきちんと進めるには、その仕事の目標と実際にやる作業項目を決め、1つずつ橋頭堡たる項目に集中し、やり遂げてから次の項目に広げていくようにやらないといけない。

ＣＡＤや管理システムでも、いきなり全システムを買ってきてやろうと思ってもうまくいかない。小さな成功、小さな改善が積み重なって大きく成功するチャンスが生まれる。大きい波の先端に乗る事業戦略も同様に、目先を寄せる小さい波に惑わされずに変えないで、上記のようにキチリと進めるが必要なのである。

個々の仕事をきちんと進めるには、その仕事の目標と実際にやる作業項目を決め、１つずつ橋頭堡たる項目に集中し、やり遂げてから次の項目に広げていくようにやらないといけない。

⒆ 3世代ロードマップを提示できることがビジネスの基本

「今のレベルの技術をつかって、来年に出せるものはこれ。次にやらなければいけない技術テーマを盛り込んで、2年後に出すのはこれとこれ。最後には3年後でこうなる」といった構想が描かれて仕事をやっている。

かくあるべしというリストを作ることが商品企画と勘違いしている人がいるから、いつまで経ってもモノが出ない。

「1年先はこの内容でフィックスしたものが出せます。2年先はこういうものを想定していますが変更可能です。3年先は先端技術も取り込んだシステム提案型のこういうものを考えておりますが、今ならご希望も十分盛り込めますので、一緒になって最適なものをつくり上げていきましょう」という、3世代が鳥瞰できる内容が入っているロードマップを常時示せるようにするのが基本。

また、Ｓｅｔの商品企画から発売まで６ヵ月で出せるというのが、今の時代。企画構想を曖昧にして設計に入ると、途中で他社の新製品の攻勢や新技術の出現といったことで更なる見直しが入り、１年経ってもまだモノが出せる目処が立たないという泥沼に入ってしまう。

半年先なら予測が可能です。１年先はある程度はわかるが、変更は必ず入る。

しかし、２年先となるとわからない。だから２年先に出そうというモノは、これまでの技術の延長線上ではなく、技術の根底を変える要素がないと競争に勝てない。６ヵ月以内でモノを出すため、企画構想はある段階で割り切って凍結する勇気を持ち、一気呵成にモノを出す。

⒇ 現場現物主義に徹する

他部門からの情報のみで仕事を進めると誤っている場合大変な事になる。

・Ｓｅｔ購入のユーザー
・販売店
・取引先のメーカー
・後工程部門又は作業者の現実

企画－開発－設計－製造－販売会社－販売店－ユーザーに至るサプライチェーンの中で、問題があると聞いた個所に行って、自らの目、耳を使って把握し、迅速に対応する。

(21) 第6感でパッと動ける体質を目指せ

今は全世界的に変化が多い。こうした環境下で生き残るには、個人レベル、組織レベルでも5感をフルに働かせて情報に強くなるとともに、最後の第6感で瞬時に大切な情報を選択し、対応実行する体質にしておかなければいけない。

これを身につけるにはメンバー全員が日頃からトレーニングを積んで外部要因変化の小さな兆し情報により、自らを反応し対応する事に慣れていないと出来るものではない。組織レベルでは、在庫はこの変化対応力を鈍くする諸悪の根源でもあるので、常にウォッチしておかなければいけない。

(22) 管理者は感づく人、山をかけられる人でなくてはならない

GPリーダー、係長、課長、部長と、まがりなりにも人をまとめる立場の人は、データや現場、現物を見て、あそこの辺が危ないと感づいて、事前に手を打てる人でなくてはならない。

悪い結果が出てから、しまったと言って手を打つような人は無管理者で、後手、後手の悪循環に陥るだけである。

新機種の立ち上げにおいても、経験のあるプロならば問題の起こりそうな所を予感し、山をかけて対応を布石する事が出来るはずである。

このような事が出来るのが総合的技術力の高さともいえる。

また悪い事が起こっていたら即見抜けるように、管理データは常に実態とつながるように関

係づけて見るくせをつけないといけない。

以上のようなことが出来て、始めて管理的に見るといえるのである。

(23) 仕事は首をかける覚悟を持ってやらなければ進まない

〝上の人が決めてくれないから〟、〝関係部門に伝える事は伝えたが、やってくれないから〟etc・・・一つの事を成し遂げるには、担当者本人は首をかけて仕事をやり抜く覚悟で取り組まなければ、関係部門も動かないし、何事も成果が出てこない。開発テーマも含めてこの覚悟のない仕事の進め方では、組織としての成果は全く出なくなる。

(24) 先進的な発想は、どれだけの情熱を持って事に当たるかによる

テーマに燃えていない担当者は、文献を読んで応用するだけのごく当たり前の事しかやらなくなる。

テレビのように成熟期を迎えた商品でも、ごく少数の『持たない主義の人達』(頑迷層)にも使ってもらえる商品を追求することにより、新しい商品の発想が生まれる事もあるし、他社の類似品を使って地方都市で市場実験した結果、ヒット商品のキーファクターを把握できたりすることもある。

成熟商品のカセットテレコやステレオが、いつまで経っても成長し続けるのは、次から次へと新しい発想を商品仕様に取り込んだからである。要はどれだけの情熱をもって仕事をしてい

るかが問題なのである。

(25) 全員にわかるようにしないで行動させる事はできない

他社の競合機種の内容が事前に一部の人にわかっていたにもかかわらず、伝わらずに組織としての対抗手段が手遅れとなってしまう事もあった。

他社セールスマンと第1線で競合している販売会社の営業所の朝礼では、各新聞を担当者が事前に読んで他社動向等を全員に伝え、自社の新機種が出た時もカテゴリー毎の担当者が特徴やセールスポイントを全員に徹底させ、全員が素早く自分の営業活動に活かしている。

このように情報は、短時間の内に担当全員に徹底し、ベクトルを合わせる事を常にマネージャーたるものは心掛けなければならない。事業計画もまとまった段階で迅速に全員に徹底するのは、この意味から必要なのである。

(26) マネージャーは部下のレベルに合わせたディレクションを示せ！

指示はどのように具体化されたか見届けるまで目を離すな!!

トヨタ生産方式では、マネジメント層へは『ジャストインタイム』のディレクションで判断する上での尺度を示し、直接部門へは『必要なものを、必要な時に、必要なだけ作れ』という事で、『かんばん』を尺度として見える管理をやらせ、各層のレベルに合った方向性を指示している。

この事が成功した理由の1つと言える。このように、部下のレベルに合わせたディレクションを与える事がマネージャーとしての仕事の成果を上げる上で、大切な事である。

経営トップが〝火の用心〟と言うと、本来なら末端の従業員は灰皿の火は、ガス栓は、電器のコンセントはいいかという個々人の行動ベースに展開されていくものであるが、なかにはトップの〝火の用心〟の言葉を受け、部課長も〝火の用心〟と言い、末端の従業員まで〝火の用心〟と口で言うだけで行動を起こそうとしない黄牛集団（黄牛とは台湾で、口で言うが一向に実行しない人の事を言う）の会社が結構ある。

経営者は『あれだけやれと口うるさく言っているのに、うちの社員は一向にやろうとしない』と嘆いている。しかし、最も大切な出発点である、心から悟らせるという経営努力が成されていないのである。

経営トップの『火の用心』に対して、下に続く者たちがオウムのごとく一様に『火の用心』の繰り返しでは困ることは明らかだ。

目的を果たすための具体的目標を決めることにより、その分担、責任範囲、目標が明らかにされ、スタートされた。経営幹部は、全社に展開されている全てのプロジェクトがどのように具体化されたかに注目し、チェックを終わるまでは目を離してはならない。

(27) ディレクションを与える時は厳しく！　その中のPLANは自由に！

優良企業の条件の1つとしてマネジメントが『厳しさと穏やかさの両面を持つ』事が挙げられている。

事業計画立案時に当初は自由にPLANさせて、出て来た結果を厳しく責め立てるような仕組みにすると数字合わせだけに終始し、行動が伴わない無意味な計画となる。

必ず初めに責任者が要求すべきディレクションを与えた上で、その制約の中で自由に考えさせ、計画を立案するという仕組みにすれば地についた計画ができる。

(28) ペーパー文化からディスカス実行文化へ脱却せよ！

問題があると、エライ人が毎日ペーパーで報告せよと指示したり、部外の責任者に対して確約書の提出を求め、首にする人の指名に類する事に精力を費やし、本質的な事には何も手を打っていない事が見られる。

問題解決の要点は、仕事を確実に行うための仕組み作りと、やる人のトレーニングをいかに行うかである。これを部外も含めた関係者がひざを交え、『なぜ』を5回繰り返す。そしてディスカスを通じて計画し、実行せしめ、継続して行ける体制作りを迅速に行う事が重要なのである。

更に発展させた形として、部外を問わず自分の所の業務の前工程または後工程で発生している問題をいち早くアンテナを張ってキャッチし、自分の工程で対策をたてて、待ち構える予見管理的行動をとれる事が最も大事である。これがバトンタッチの思想にもつながり、弱い所をカバーしてソニー全体のレベルをＵｐさせる事になるのである。

(29) 報告のしめくくりは『だから私は何々をやります』

状況報告だけが上司に集まる組織は、他力本願的な力の弱い組織となる。上司への報告は、業務に熟知している担当者が『だから私は何々をやります』と、今後の行動の指針を明らかにしてしめくくるようにするべきである。そうすれば、多忙な上司は組織のベクトルの方向を合わせるチェックができるし、組織としての力が大きく強化される。

(30) 給与は、自分の携わった商品が『店頭でお客様に選ばれて買ってもらった時に支払われる』と心得よ！

——全ての部門の行動の原点は店頭にあり!!——

工場部門とて『本社や本部からお金が支払われるから成り立つ』と思ったら大間違い。企業活動の原点は、その商品がユーザーによって選定され、購入されてお金が交換される所にある。そのお金がソニー圏内に戻って来て給料が発生している。だから自分の行う作業１つ１つが、ユーザーの手に渡った時にどのような症状を呈するのか、売れた以上に作り過ぎて在庫にならないように、とか工場部門といえども、ユーザーの接点がどうなっているかという事を皆で見ていかなければ、本質的な対応策が打てなくなる。他部門からの情報のみで仕事を進めると、誤っている場合には大変なことになる。

セールスからプロダクションの人達に至るまで、コンシューマー商品の製造関連会社に携わる人々に第一に忘れてならない事柄は、競合する他社ブランドとの勝敗は『販売店の店頭でコンシューマーによって決められている』ということである。従って、この種の企業の強さはとりもなおさず、これらの商品群の店頭における競争力を持たせる説得力と、その価格条件下で適切に商品をサプライし、利益が稼げる生産を実現できるかという事は、企業の基礎力がいかに対応できているかどうかにかかっている。

加えて従業員全体が、『店頭でお客様が当社の製品を選んで購入してくれる』状況を体で理解して仕事を進める事ができた時こそ、真に力強い近代的な基礎力を持った生産部門になることができるのだ。

(31) コントロールばかりすると勝てない。勝てるマネジメントをやるべきだ!!

管理には次の3つの意味がある。

①コントロール（Control）支配する。決められたシステムで皆が動くようにする。

②マネージ（Manage）扱う。今までとは違ったやり方でどうにかして対応する。

③マヌーバー（Maneuver）戦術的展開。計略で巧みに・・・する。

日本での管理という言葉は上記の『コントロール』しか意味しない場合があるが実際はこの3つの意味を含めた管理でなければならない。

本部の人達は年末商戦には社外の最前線にいるのと同じ気持ちでやって欲しい。批判するのではなく、最前線の商売にプラスになるようなマネージやマヌーバーを一緒になってやらなくてはいけない。

(32) 自分の携わっている商品を見る目を養え

私は店頭で、テレビを全て見渡せる距離から画を比較して、自分なりに一番良い画の出ているテレビを見出す。近づいてそのブランドを確認し、お店の人にどれが売れているかを聞く。

その上で、自社のものとどこが違っているかを確認する。オーディオ商品も、並んでいる1台ずつスイッチを入れて音を聞いて回り、そのあとどのモデルが売れているかをお店の人に聞き、自社のものと音質のどこが違っているかを確認する。こうした繰り返しをすることにより、商品を見る目が養われる。

新しいオーディオやテレビの商品を試作した時の商品力評価も、親しい量販店に持ち込んで、このような評価をするから直すべき所がわかるのである。

(33)「頑張れば評価されるという仕組み」活気マネジメントをせよ！

各部署間の取引は仮の姿。要は部門トータルとして利益が出ているかどうかが大事なのだ。お互いの利益確保を大事にする余り、将来性ある商品の値付けを高めに設定しすぎて数も出なくなり、ビジネス的にシュリンクする。そして利益を確保する値付けにして高くて売れないという悪循環に陥ってしまう。

これを、将来ビジネスが拡大するカテゴリーの商品に対し部署間で話し合い、思い切った値付き設定することにより時代のトレンド商品が動き始め、数が出て結果的にコスト低減にも結び付き、好循環に持ち込める。

こうした最初の火付け役となることを意図的に作り出せるような体質にならないといけない。フル生産して効率よくやらせる仕掛けを作るのが管理の仕事。そのためには送料が高い航空便を使えば、現地での品切れロスを防いで収益に貢献する事だってある。生産の標準化という事は何かということを体でわかって欲しい。

研究費等の固定費の配布についても、柔軟性を持って将来性のある新しいビジネスの当事者が、喜んでやれる形を考えてやるべき。

頑張れば経営指標的にも評価されるという仕組みを確立できると活性化してくるのだ。

あとがき

２０２４年10月14日にスエーデンの王立科学アカデミーから、ノーベル経済学賞は、社会制度と国家の繁栄との関係を研究した米マサチューセッツ工科大学（ＭＩＴ）のダロン・アセモグル教授、サイモン・ジョンソン教授、シカゴ大学のジェイムズ・ロビンソン教授の３人に授与すると発表された。

３人の研究者は、ヨーロッパの植民地で導入されたさまざまな政治・経済制度を検証し、国家間の繁栄に大きな差があることについて、社会制度の根強い違いが１つの重要な原因になることを明らかにしたとしている。

そして日本のメディアは、「アセモグル氏とロビンソン氏によって執筆された著書『国家はなぜ衰退するのか』が世界的に広く知られています。両氏は繁栄する豊かな国と貧しい国との違いには政治的な制度が関係していると指摘しています」とスエーデンの王立科学アカデミーが公表したコメントを紹介している。

受賞者のアセモグル教授とジョンソン教授による「国家はなぜ衰退するのか」の著書が、ノーベル経済学賞受賞時に紹介されたことで、日本では2023年に発売された著書が店頭で品切れ店が続出しているとテレビニュースで報道された。版元で品切れの翻訳本の再版を、待つまでもなく、本書を読めば「国家は縁故主義者のリーダによって衰退し亡び、国家は変革リーダーの時代には繁栄する」という、単純明白な「理（ことわり）」が学べる。

この「国家はなぜ衰退するのか」の翻訳本では、「包括的制度：民主的で権力と資源を広範囲に分散し、市民に経済的機会と政治的権利を提供する政治制度によってイノベーションや生産性の向上がもたらされる」を採用する国家は、経済的成功と社会的安定を享受する可能性高いとしている。

また「抽出制度：少数のエリートが多数の人々から資源を抽出し、独裁的な権力を維持することを目的とする制度で、イノベーションや生産性の向上を阻害し、政治的な不安定や社会的な緊張を引き起こすとされている」によって国が衰退するとしている。

そして著者のアセモグル教授とジョンソン教授は、国家の衰退を防ぐ鍵は、権力と資源の公正な分配を可能にする包括的制度の維持と強化であると結論づけている。

近代日本の開国を起点に40年周期におけるその時々の国家の盛衰には、国家のリーダーが変革リーダーの時には繁栄し、縁故主義リーダーの時には衰退する理（ことわり）を本書で筆者が分析しており、ノーベル経済学賞で評価された社会制度と国家の盛衰との関係と同様な結論であると言える。

つまり包括的制度は、国や企業の変革リーダーによってもたらされており、その国や企業は繁栄する。抽出制度は、国や企業の縁故主義リーダーによってもたらされており国が衰退するのである。


２０２４年に一人あたりのＧＤＰで日本は経済的に後進国並みに衰退していっている。最大人口を抱える東京都の出生率が１・０を割るほど、人口面での衰退も顕著になる中、２０２５年からの40年間における企業の成長は、国内需要のみで賄うことが望めない時代に突入する。

こうした、国内需要のみで成長が賄えない時代は、かつて日本の主要都市が焼け野原となって敗戦を迎えた翌年にソニーの前身の民生品を扱う東京通信工業（株）を設立した時と同様な経済状況と一致する。

井深大の東京通信工業（株）が世界企業として認知されるきっかけを作った新製品は1956（昭和31）年のクリスマスセール時に39・5ドルで発売されたトランジスタラジオである。アメリカ人のライフスタイルを変革させたTR－63の製品には「SONY」名称のカテゴリーブランドを表す銘板がデザインされていてアメリカ人は日本製だとの認識がない中で爆買いしていた。アメリカ人の家庭では真空管ラジオの普及率がほぼ100%の時代に、ポケットに入り、屋外で持ち歩いてラジオが聞けるというイノベーションが大ヒットにつながり、品切れを補充するため何度も空輸して補充していた。

1962（昭和37）年10月、ニューヨーク5番街に米国旗と日章旗をクロスして入口に掲げたソニー製品展示場が発足した。

その年のクリスマスセールに向けて発売された新製品5インチ・マイクロテレビTV5－303を見るため、ソニーの展示場に毎日7000名の人々が押し寄せて、わずか4日間で在庫が底をつくほど大ヒットした。再び日本から空輸で補充し続けることとなった。

5番街のソニー製品展示場に日章旗を掲げたことによって、ソニーが日本企業であることをアメリカ人に認識され、海外で働いている日本人のプライドとなったのであった。

21世紀に入って衰退を続ける日本国内需要に見切りをつける先駆けとなったのは、アメリカに開発拠点を設け世界市場で売れる新製品を成功させたホンダジェットであり、2025年に発売されるソニーとホンダの合弁会社、ソニーホンダモビリティ社のAI搭載の自動運転車アフィーラである。

現在、世界の都市間の輸送手段に鉄道インフラを導入する世界市場でのブームを先駆け、GAFAMに迫る勢いで成功させているのが、日立製作所の鉄道インフラである。

21世紀に入り日立製作所は鉄道車両インフラの開発拠点を英国ロンドンにある日立レー

ルヨーロッパ社に置いて、ここを司令塔として鉄道車両の工場を英国や欧州大陸や北米に展開し、地元の労働者を雇用して世界に供給する体制を築いたのであった。

今や、日立レールの鉄道インフラ事業は世界市場で成長し続ける先駆けとなっておりGAFAMに続く位置に立っている。


本書で述べたように、ジョブズと井深の「遺訓」からは、人としての至高の生き方が学べる。それは、これまで先人によって残された恩恵を受けてきたことを感謝し、自分なりに、後世に貢献する問題解決にとり組み努力し続ける事である。

特に、本書のⅡ部に掲載した、「井深大の箴言」と「変革リーダーの格言」は、いずれも著者自身が体験した、変革リーダーや縁故主義リーダーの姿であった。改めて振り返ってみることで、後世の人が感動するような、伝え残すべき、「箴言」「格言」であると信じている。

最後になるが、ごま書房新社の池田社長に、焦点の定まらなかった初稿を整理していただき、読者に分かりやすいよう編集をいただいた。改めて感謝する。

◆本文中に掲載した書籍以外の参考文献

「新版トロンで変わるコンピュータ」坂村健著／1988年／日本実業出版社
「わが友　本田宗一郎」井深大／1991年／ごま書房
「人作りの原点」井深大／1991年／早大理工学研究科創設40周年記念シンポジウム講演録
「人間を幸福にしない日本というシステム」カレル・ヴァン・ウオルフレン著／1994年／毎日新聞社
「スティーブ・ジョブズ」ジェフリーSヤング、ウイリアムLサイモン、井口耕二訳／2005年／東洋経済新報社
「関東軍　在満陸軍の暴走」島田俊彦著／2005年／講談社
「スティーブ・ジョブズの生声」ジョージ・ビーム編、鷹取孝一訳／2011年／文響社
「十二月八日（開戦）と八月十五日（終戦）」半藤一利著／2015年／文春文庫
「ソニー盛田昭夫」森健二著／2016年／ダイヤモンド社
「戦後世界と日本資本主義」鈴木春二著／2017年／大月書店
「宿無し弘文 スティーブ・ジョブズの禅僧」柳田由紀子著／2020年／集英社文庫
「井深大と盛田昭夫」郡山史郎著／2023年／青春出版社
「日立の壁」東原敏昭著／2023年／東洋経済新報社
「プア・ジャパン気がつけば『貧困大国』」野口悠紀雄2023年朝日新聞出版
「国家はなぜ衰退するのか」ダロン・アセモグル、ジェイムズ・ロビンソン著、鬼澤忍訳／2023年／早川書房
「自壊する日本の構造」長谷川雄一・他編著／2024年／みすず書房

◆著者略歴

豊島 文雄（てしま ふみお）

早稲田大学理工学研究科修士課程卒、1973年ソニー(株)入社。

ウオークマン発売6年前のテープレコーダ部署に配属。その後、カメラ&ビデオ事業部等を歴任。

1986年ソニーの幹部クラスの直属スタッフ・企画業務室長を務めながら1998年主席(マネジメント研究分野の部長級専門職)、2002年ソニー中村研究所(株)設立時取締役。

2007年、井深大の経営手法と人生哲学を啓蒙する「(株) 1・10・100経営」を起業。

ソニー現役時代を含め延べ6000名を研修した実績がある。

著書に『井深大の箴言』『井深大と本田宗一郎の遺訓』（ごま書房新社刊）がある。

スティーブ・ジョブズと井深大
二人の“イノベーション”が
世界を変えた

2024年12月1日　初版第1刷発行

著　者	豊島 文雄
発行者	池田 雅行
発行所	株式会社 ごま書房新社 〒167-0051 東京都杉並区荻窪4-32-3 AKオギクボビル201 TEL 03-6910-0481(代) FAX 03-6910-0482
カバーイラスト	(株)オセロ 大谷 治之
DTP	海谷 千加子
印刷・製本	精文堂印刷株式会社

ISBN978-4-341-08874-3 C0030